집주인이
보증금을
안 주네요

집주인이 보증금을 안 주네요

1판 1쇄 펴낸 날 2018년 8월 20일

지은이 허재삼
펴낸이 나성원
펴낸곳 나비의활주로

책임편집 권영선
디자인 design BIGWAVE

주소 서울시 강북구 삼양로 85길, 36
전화 070-7643-7272
팩스 02-6499-0595
전자우편 butterflyrun@naver.com
출판등록 제2010-000138호

ISBN 979-11-88230-42-6 03320

분쟁 없이 살 수 있는 임대차 노하우 132가지

집주인이 보증금을 안 주네요

허재삼 지음

나비의 활주로

누구나 알아야 할
부동산 이야기

📍 주거는 우리의 일상입니다.

지금 당신의 주거는 괜찮은가요? 주거 안정은 생활 안정, 건강과 직결되기에 무엇보다 중요합니다. 주택 공급은 차고 넘치지만 내 집 하나 없는 분들은 사는 게 불안의 연속입니다.

📍 임대차 분쟁이 심각합니다.

최근 서울에 소재한 다세대주택에서 1년간 월세를 내지 못해 강제로 쫓겨난 임차인이 건물주에게 앙심을 품고 2층 복도에 휘발유로 불을 지른 일이 있었습니다. 소방차가 출동하고 신속한 구조 활동이 있었지만 임차인 여러 명이 다쳤다는 뉴스가 있었습니다.

📍 보증금 지켜내기가 쉽지 않습니다.

최근 수도권에서는 주택 전세 가격이 하락하면서 전세금을 제때 돌려받지 못하는 세입자들이 증가하고 있다고 합니다. 보증금이 전 재산이라고 할 수밖에 없는 세입자들은 보증금을 제때 돌려받지 못할까 전전긍긍하고 있습니다.

이른바 '역전세난'이 우려됩니다.

📍 좋은 집 구하기, 생각보다 쉽지 않네요!

처음 방을 구하러 다닐 때부터 고난의 시간은 시작됩니다. 집주인과 세입자 사이에는 정보의 불균형이 발생하기 때문에 방을 구하러 다니는 분들은 집에 대한 정보나 선택권의 폭이 넓지 않은 것이 사실입니다. 집의 하자를 숨기고 싶어 하는 임대인과 빨리 계약서를 작성하고 부동산 중개 보수를 받으려는 공인중개사 사이에서 편안하게 집을 볼 수가 없습니다. 결국 눈으로 대충 살펴보고 계약할 수밖에 없습니다. 또 하루에 대여섯 집을 보고 나면 힘도 들고, 보고 온 집들이 머릿속에 가물가물하고, 집들이 뒤섞여 헷갈리기 시작합니다. 이럴 때 이 책 속에 나와 있는 체크리스트를 미리 활용하면 방을 구하는 데 많은 도움이 될 것입니다.

📍 임대인과 임차인은 갑·을 관계입니다.

국민의 주거생활 안정과 경제적 약자인 서민들을 보호하기 위한 취지에서

만든 관련법들이 있지만, 많은 면에서 임대인에게 유리한 제도와 관습으로 구성되어 있다 보니 임대인(집주인)과 임차인(세입자)은 갑·을 관계로 지낼 수밖에 없습니다.

📍 슈퍼 '갑'도 있지만 슈퍼 '을'도 있네요!

저는 현업에서 개업공인중개사로 활동하면서 거래 당사자들의 분쟁을 수도 없이 많이 목격하고 상담해왔습니다. 계약이 만기돼서 이사를 가야 하는데 보증금을 못 받아 한숨짓는 임차인도 보았습니다. 사는 집 천장에서 빗물이 떨어져 양동이로 받치고 있어도 나 몰라라 하는 임대인도 있습니다. 월세를 서너 달 연체해놓고 배 째라며 버티는 세입자도 있습니다.

📍 선무당이 사람 잡습니다.

임대인과 임차인이 답답한 마음에 인터넷에 하소연을 올리면 잘못된 답변들이 사실인 양 버젓이 올라와 있는 것들을 많이 보게 됩니다. 속담에 "선무당이 사람 잡는다"라는 말이 있습니다. 잘못된 상식을 가지고 대응했다가 오히려 낭패를 보는 일이 생길 수 있습니다. 이럴 때 이 책 속에 나와 있는 내용만 읽어도 이러한 문제에서 해방될 수 있고, 시간과 금전도 절약할 수 있습니다.

📍 임대인·임차인·부동산 종사자 모두에게 도움이 됩니다.

이 책에서는 전문가들도 잘 모르는 문제들 중 임차인·임대인·공인중개사들이 가장 궁금해하는 항목 132가지를 뽑아 명쾌한 해법을 제시했습니다. 그동안 제가 부동산 현장에서 생생하게 터득한 지식과 경험, 실제 사례들의 노하우가 고스란히 담겨 있으며 관련 법률, 법원 판례 등을 접목시켜 신뢰성을 배가시켰습니다. 이 책은 초보자뿐 아니라 부동산 전문가들에게도 도움이 되는 책입니다.

📍 감사드립니다!

어려운 출판업계의 사정에도 책이 나오기까지 물심양면으로 지원해주신 나비의활주로 나성원 대표님과 직원 여러분에게 진심으로 감사드립니다. 저를 언제나 사랑해주는 아내와 두 아들 성준, 성현에게도 사랑한다는 말을 전하고 싶습니다.

2018년 7월 세종시에서

🏠 허재삼

이제 실전이다
계약 체결 시 이것만은 꼭 확인하자!

임대인·임차인,
이것만은 짚고 넘어가자

제1절 계약서 작성 및 입주, 첫 단추가 중요하죠!

부동산 전문가들도 꼭 알고 있어야 돼요!

CHAPTER 4

CHAPTER 5
임대인·임차인 모두에게 도움이 돼요!

야호, 내 방 구하기

계약 전 이것만은 꼭 확인하자!

예로부터 우리 선조들은 풍수지리적으로 방향(方向)을 중하게 여겨왔습니다. 가장 중요한 이유는 채광 때문입니다. 채광은 방 전체의 밝기뿐만 아니라 겨울철 난방비, 집 안 온도 및 습기에도 영향을 줍니다. 따라서 방을 구할 때에는 햇볕이 잘 드는 낮 시간대에 살펴보고, 불을 끄고도 빛이 잘 들어오는지 확인해보는 것이 좋습니다.

TIP 일반적으로 남향, 동향, 서향, 북향 순으로 선호도가 높은 편입니다. 각 방향별 장단점을 체크해서 나에게 적합한 방향을 선택하는 것이 좋습니다.

》남향 하루 종일 집 안에 햇볕이 들어와 채광이 좋습니다. 여름에는 내부로 햇볕이 적게 들어 시원하고, 겨울에는 햇볕이 깊숙이 들어 따뜻합니다. 에어컨이나 보일러를 덜 사용해도 되기 때문에 냉난방비를 절약할 수도 있습니다.

》동향 동쪽에서 해가 뜨므로 아침 햇살의 기운을 받아 풍수지리적으로 좋습니다. 오후에는 햇볕이 들어오지 않아 어둡습니다. 여름에는 시원하고, 겨울에는 춥습니다. 맞벌이 부부에게 적합한 방향입니다.

》서향 동향과 반대로 오후에 햇볕이 잘 들어오며, 여름에는 덥고, 겨울에는 따뜻합니다. 유치원생이나 초등학생 자녀를 둔 가정에서 선택하면 좋습니다. 그러나 겨울철 해가 일찍 떨어지면 내부가 어두운 경향이 있습니다.

》북향 해가 잘 들지 않아 집 안이 어두우며, 겨울에는 춥습니다. 주로 외부에서 보내는 시간이 많은 가정이나 야간 근무로 인해 주간에 잠을 청하는 분들에게 적합합니다.

낮과 밤, 천지 차이네요!

방을 구할 때에는 주로 낮에 보러 가게 되는데, 낮에 보는 방하고 밤에 보는 방은 많이 다르다는 점을 유념해야 합니다. 낮에 방문했을 때에는 햇볕도 잘 들어오고, 주차 공간도 널찍했는데 밤에 방문해보면 또 다를 수 있습니다. 밤에는 거주하는 임차인들이 거의 퇴근해서 집에 와 있으므로 주차 공간을 정확히 확인할 수 있습니다. 낮에는 조용했다가 밤이 되면 유동인구가 증가하면서 시끄러워질 수도 있습니다. 또한 길가에 서 있는 가로등이나 식당·유흥업소 등에서 나오는 불빛들 때문에 주거에 불편함이 많을 수도 있습니다. 따라서 마음에 들고 계약하고 싶은 방이 있다면 번거롭고 힘들더라도 낮과 밤, 두 번 정도는 방문해보는 게 좋습니다.

싱글족이나 여성 혼자 거주하는 가구가 증가함에 따라 이들을 노리는 범죄가 급증하고 있습니다. 따라서 너무 외진 곳이나 밤에 사람의 왕래가 적은 골목 안쪽에 위치한 집은 피하는 것이 좋습니다.

≫ 외부에서 중점적으로 확인해야 할 부분

① 경찰서나 지구대는 반경 어느 정도 거리에 위치해 있는가?

② 외부 소음이 많은 유흥가나 차가 많이 다니는 대로변은 아닌가?

③ 건물 주차장이나 출입문 방향으로 CCTV가 설치되어 있는가?

≫ 내부에서 중점적으로 확인해야 할 부분

① 방화문은 이중 잠금장치가 되어 있는가?

② 현관문과 창문은 잘 닫히는가?

③ 창문은 이중창이 설치되어 있는가?

④ 입주하는 방 주변에는 어떤 분들이 거주하고 있는가?

⑤ 생활소음은 없는가?(건물의 부실 공사로 인해 옆방이나 위아래 세대에서 생활소음이 심해 입주한 지 얼마 안 돼 이사를 고민해야 하는 경우가 발생할 수 있습니다.)

"집을 구하고 첫 출근 날 아침, 나는 기분 좋게 지하철역으로 향했다. 그런데 이게 웬 말인가! 집에서 지하철역까지 걸어서 무려 20분이나 걸렸다. 덕분에 나는 지각을 했다. 부동산 중개사는 나에게 분명 10분도 안 걸린다고 했는데……, 낭패다."

　입주하기 전에 꼭 확인해야 하는 것 중의 하나가 바로 대중교통 수단과의 이동거리입니다. 직장인이나 자영업자 등은 대중교통을 이용할 경우 버스승강장이나 지하철역까지 얼마나 떨어져 있는지 직접 걸어서 확인해보는 것이 좋습니다. 출퇴근 시간이 길면 몸도, 마음도 피곤할 뿐만 아니라 교통비도 무시할 수 없습니다. 또 어쩌다 막차라도 놓치면 밤늦게 택시를 이용해야 하는 경우가 생길 수 있습니다. 자녀가 있는 가정은 학교까지 등하교 시간이 얼마나 소요되는지, 재래시장이나 슈퍼마켓 등의 접근성은 얼마나 좋은지를 직접 확인해봐야 합니다. 건물주(임대인)나 중개업자의 말만 믿고 덜컥 입주했다가 후회하지 말고 본인이 직접 발품을 팔아 확인해보는 것이 최상의 방법입니다.

각 세대별로 전기·도시가스·수도계량기 등이 개별적으로 설치되어 있

는지 확인하고, 건물주(임대인)에게 계절별 요금을 미리 확인해보는 것
이 좋습니다. 지역에 따라 도시가스, 기름보일러, LPG 등을 사용하는
경우가 있으므로 각 종류별로 요금이 얼마 정도 부과되는지 확인해봐
야 합니다.

관리비 포함 항목은 보았나요?

월세든 전세든, 관리비가 별도로 부과(지역별/건물별로 없는 곳도 있을 수
있음)되므로 관리비에 포함된 항목을 유심히 살펴봐야 합니다.

수압 상태(싱크대·화장실 등)는 변강쇠인가요?

수압이 약하면 입주 후 생활하는 데 많은 불편을 겪을 수 있습니다. 특
히 거주하는 인원이 많다든지, 아기가 있는 가정의 경우 물을 많이 사용
해야 하므로 싱크대, 샤워기, 화장실의 수압은 본인이 직접 틀어보고 확
인해보는 것이 좋습니다. 싱크대와 화장실 물을 동시에 틀어보기도 하
고, 입주해 있는 가구가 몇 가구인지도 확인해보는 것이 좋습니다.

실내 외풍 상태, 꼭 봐야 돼요!

외풍이 많은 집은 겨울에 춥고, 난방비가 많이 들 수 있습니다. 창틀이나 문 틈새를 확인해보고 창문이나 미닫이문, 여닫이문 등의 틈새가 벌어져 있지 않은지 꼼꼼히 확인해봐야 합니다.

벽면 및 도배 상태, 누수 여부를 꼼꼼히 살펴요!

벽면에 금이 가거나 훼손된 곳은 없는지, 도배가 손상된 곳은 없는지, 천장이나 벽 등에 누수는 없는지 등을 확인해봐야 합니다. 손상된 곳이 있으면 임대인에게 새것으로 교체를 요구하거나 불가능할 경우 사진을 찍어놓는 것이 좋습니다.

창문에 이중창이 설치되어 있지 않을 경우 내부와 외부의 온도차에 의한 결로 현상이 발생할 수 있으며, 이로 인해 곰팡이가 생길 수 있습니다.

가전 등의 옵션 품목 작동 상태, 중요해요!

공동주택(다세대주택, 도시형 생활주택 등)이나 다가구주택은 가전 등의 옵션 품목(TV, 냉장고, 세탁기, 에어컨 등)이 설치된 곳이 많습니다. 본인이 직접 작동해보고 고장 난 부분은 없는지, 손상이나 파손은 없는지 꼼꼼히 확인해봐야 합니다.

공과금 체납, 있으면 안 돼요!

이전에 살던 세입자가 이사 후에 공과금(도시가스·전기·수도요금 등)을 제대로 납부했는지 임대인의 말만 믿지 말고, 본인이 직접 해당 기관에 확인해봐야 합니다.

애완동물 동반 입주, 가능한지 확인해야 돼요!

핵가족화 및 1인 가구의 증가 등으로 애완동물과 동반 입주하는 가정이 늘고 있는 추세입니다. 여러 세대가 밀집되어 있는 다가구주택은 바로 옆방에서 들리는 애완동물 소리로 인해 민원과 분쟁이 발생할 수 있습니다. 소음이 심해 계약 기간 중 방을 비워줘야 하는 경우도 종종 발생합니다. 입주 전에 애완동물과 동반 입주가 가능한지 임대인과 충분히 상의하여 계약서 특약사항에 적어놓는 것이 분쟁을 없애는 방법입니다.

시설물 상태 및 현 임차인 소유 여부, 중요하죠!

출입구의 도어락 작동 상태 및 파손 여부, 거실·방·화장실 등의 전등 상태, 주방 가스레인지 및 인덕션 전기레인지 작동 상태도 꼭 확인해봐야 합니다. 붙박이장이 설치되어 있을 경우에는 파손 여부 및 벽과 밀착되어 있어 곰팡이나 결로 현상이 없는지도 살펴봐야 합니다. 가전이나 기타 옵션 품목들이 있을 경우 현 임차인의 소유인지, 기존에 설치되어 있는 임대인의 소유인지 등도 확인해봐야 합니다.

집 주변에 혐오시설, 없어야 돼요!

입주하고자 하는 건물 주변에 고물상이나 쓰레기소각장 등이 있다면 소음과 악취 등에 시달릴 수 있습니다. 또한 외곽지역에 위치한 다가구주택은 주변에 묘지나 공장 등 혐오시설이 있을 수 있습니다. 계약 전 임대인이나 부동산 중개업자에게 이러한 사항들을 꼼꼼히 확인해보고 입주해야 쾌적한 주거환경을 누릴 수 있습니다.

이사 갈 때 잘 나갈 방으로 구해야 돼요!

처음 집을 구하는 초보 분들, 급하게 방을 구하는 분들, 낮은 보증금을 가지고 방을 구하는 분들은 만기가 됐을 때 잘 나가지 않는 방을 구할 수도 있습니다. 보증금이나 월세가 조금 비싸더라도 주변에 대중교통이나 대형마트, 편의점 등의 시설 등이 잘 갖추어진 곳에 방을 얻어야 합니다. 이런 방들이 주거생활도 안정되고, 만기가 됐을 때 집주인에게 보증금을 돌려받기도 수월합니다.

새집증후군, 무시하면 안 돼요! ▾ Q

신축되어 처음 입주하는 집이라면 새집증후군에 주의해야 합니다. 새로 지은 건물 내부에서 거주자들이 느끼는 건강상 문제 및 불쾌감이 심각할 수 있습니다. 미국환경보호국의 신축 아파트 새집증후군 연구 결과, 새집에서 사는 건 '매일 담배 두 갑을 피우는 꼴'이라는 사실이 밝혀진 바 있습니다. 새집증후군의 대표적인 부작용으로는 안구건조증, 천식·기관지염, 폐질환·암, 현기증, 아토피성 피부염 등이 있습니다. 특히 처음 입주하는 집이라도 수리가 필요한 곳이 있을 수 있습니다.

실내 결로 및 곰팡이는 예방이 중요해요! ▾ Q

실내 결로 및 곰팡이는 건물 자체의 부실 공사도 있지만, 임차인들의 부주의로 많이 발생하고 있습니다. 특히 겨울철 실내 습도가 높고 환기가 부족한 경우 주로 발생하기 때문에 적정 습도 유지와 환기는 필수입니다.

》실내 습기 과다 발생 원인

① 장시간 음식물 조리

② 가습기 과다 사용

③ 실내에 많은 화분을 두는 경우

④ 샤워 등으로 화장실 습기가 실내로 유입되는 경우

⑤ 많은 양의 빨래를 삶거나 건조 시

⑥ 가구 등을 벽면에 밀착하여 배치하는 경우 통풍이 되지 않아 곰팡이가 발생하기 쉬우므로 가구를 벽에서 떨어지도록 배치해야 합니다. 이사 시 곰팡이가 있거나 젖은 가구는 반드시 곰팡이를 제거하고 잘 건조한 후 반입해야 합니다. 아파트 발코니는 단열시공이 안 되는 공간이므로 환기와 통풍이 더욱 요구됩니다.

TIP 겨울철 적정 실내 온도: 18~25도, 겨울철 적정 실내 습도: 55% 이하

인터넷 허위광고 매물에 낚이지 마세요! ▼ Q

인터넷의 발달로 부동산 중개업소를 방문하기 전에 구하고자 하는 방의 정보나 관련 사진을 미리 볼 수 있어 편리한 세상이 되었습니다. 이제 부동산 플랫폼 업체 등을 이용해 임대인이 직접 매물을 등록하거나

부동산 중개업자들이 등록해놓은 매물들을 인터넷에서 손쉽게 검색할 수 있습니다. 그런데 모든 것에는 빛과 그림자가 있으며, 양면성이 존재합니다. 막상 임대인을 직접 만나보거나 부동산 중개업소를 방문해 보면 방이 나갔다고 해 시간과 에너지를 낭비하는 일이 흔히 발생합니다. 내가 원하는 조건의 매물을 손에 넣으려면 인터넷으로 열심히 손품을 팔고, 부동산 중개업소 등을 방문해서 열심히 발품을 팔아야 합니다. 특히 중개업소 방문 전 아래의 사항을 꼼꼼히 살펴봐야 합니다.

① 임대인이나 부동산 중개업소를 방문하기 전에 전화를 걸어 해당 매물의 등록번호를 불러주고 아직 방이 남아 있는지 확인하면서 전화로 녹취해둡니다.

② 구하고자 하는 방이 소재 지역의 시세보다 훨씬 저렴하다면 한 번쯤 의심해 봐야 합니다. 물론 한 건물에 빈방이 많아서 임대인이 시세보다 저렴하게 내놓을 수는 있지만, 이 경우도 가격 차이가 심하게 많이 나지는 않습니다.

③ 매물이 등록된 일자를 확인해서 최초 등록일자가 오래된 매물(보통 2~3개월 경과)은 한 번쯤 의심해봐야 합니다.

원룸 종류(오픈형·분리형·복층형)에 따라 장단점이 있네요! ▼ 🔍

≫ 오픈형 현관에 들어서면 모든 공간이 한눈에 들어오는 형태(화장실 제외)를 말합니다. 공간 자체가 확 트여 있기 때문에 시각적으로 넓은 느낌이 들어

수납 관리만 잘해주면 넓고 깨끗해 보입니다. 반면 주방과 방이 한 공간에 있어 음식물을 조리하면 냄새가 심하게 발생합니다. 베란다(발코니)가 없기 때문에 빨래를 방에서 말리게 되어 시각적으로 지저분해 보이며, 습해질 수 있습니다. 불필요한 물건을 보관할 공간도 부족합니다.

≫ 분리형 방과 주방의 공간을 나누어 별도의 공간을 확보한 형태의 원룸입니다. 음식물을 조리할 수 있는 별도의 공간은 존재하나, 냄새가 방 안으로 들어오는 것을 완벽히 차단할 수는 없습니다. 미닫이문이나 여닫이문이 있기 때문에 내·외부 소음도 차단되고, 별도의 베란다(발코니)가 있어 빨래 건조나 불필요한 물건을 보관하는 창고로도 활용이 가능합니다.

≫ 복층형 구분된 두 개의 공간이 존재해 지인과의 동반 입주도 가능합니다. 젊은 분들이 선호하는 구조입니다. 반면 다른 형태의 원룸에 비해 임대료가 비싸고, 공간이 커서 냉난방비가 많이 나올 수 있습니다.

방 보러 가기 전에 체크리스트 챙기세요! ▼ 🔍

체크리스트1

주소: 건물명:

구분	있음	없음
주차 공간이 충분히 확보되어 있는가?		
현관 및 주차장 등에 CCTV는 설치되어 있는가?		
전기·가스·수도계량기는 세대별로 설치되어 있는가?		
베란다(발코니)가 별도로 설치되어 있는가?		
방충망이나 방범창 등은 설치되어 있는가?		
이중창은 설치되어 있는가?		
소방시설은 갖추어져 있는가?		
벽면에 균열이나 누수는 없는가?		
천장이나 벽 등에 곰팡이나 결로 현상은 없는가?		
가전이나 옵션 품목 중 고장이나 파손된 부분은 없는가?		
수납장, 싱크대, 변기는 파손된 게 없는가?		
전등·스위치·콘센트 등은 이상 없는가?		
난방 방식은 개별난방으로 되어 있는가?		
난방 연료는 도시가스로 되어 있는가?		
엘리베이터는 설치되어 있는가?		
주변에 고물상·쓰레기소각장 등 혐오시설은 없는가?		
주변에 대중교통 이용 시설은 있는가?		
주변에 상가·마트·편의점 등은 있는가?		

구분		
주변에 교육시설이나 공공기관은 있는가?		
주변 치안 상태는 괜찮은가?		
불법 건축물 여부를 건축물대장에서 확인했는가?		

체크리스트2

구분	양호	보통
수돗물은 잘 나오는가?		
일조량은 괜찮은가?		
배수는 잘되는가?		
벽면 및 도배 상태는 괜찮은가?		
전기 공급 상태는 괜찮은가?		
환기는 잘되는가?		
외풍은 심하지 않은가?		
주변이 시끄럽거나 지저분하지 않은가?		
근저당 금액과 선순위 임차 보증금은 적정한가?		
등기사항전부증명서상의 명의자와 임대인은 서로 일치하는가?		
주변 지역이 노후하거나 낙후되지는 않았는가?		
만기 후 퇴실 시 보증금은 잘 받아 나갈 수 있겠는가?		

이제 실전이다

계약 체결 시 이것만은 꼭 확인하자!

등기사항전부증명서상의 소유자와 실제 소유자가 일치하는지 여부를 신분증을 통해 확인해야 합니다. 또 대리인과 계약 체결 시에는 임대인의 인감도장이 날인된 위임장, 인감증명서, 대리인의 신분증을 확인 후 복사해서 보관해야 합니다. 대리인 입회하에 위임인과 직접 통화하여 위임한 사실이 있는지, 계약 조건은 맞는지의 여부도 확인해야 합니다(전화 통화 시 녹음해놓는 것이 좋음). 보증금 및 월차임 등은 임대인 명의 계좌번호로 송금하고, 잔금 지급 전까지 반드시 본인이 참석해서 계약서에 자필서명 하기로 한다는 내용을 특약사항에 적어놓도록 합니다.

건축물대장상의 건축물 위반 여부를 확인하여 '무단 증축'이나 '불법 용도 변경' 등 법률상 저촉되는 부분이 있는지 살펴봐야 합니다. 등기사항전부증명서의 경우 '갑구' 란에서 압류·가압류·가처분 등의 여부를, '을구' 란에서 근저당권·전세권 설정 등의 여부를 확인해봐야 합니다. 등기사항전부증명서에서는 계약 체결 전 중도금·잔금 지급 시 변동사항이 있는지를 확인해야 합니다. 등기사항전부증명서는 개업공인중개사에게 요청하거나 본인이 대법원 인터넷 등기소(www.iros.go.kr)를 통해서 직접 열람 및 발급 받을 수 있습니다.

계약서 작성 후 계약서 원본, 신분증을 지참하고 주민센터(동사무소)를 방문하여 전입신고를 하고 확정일자를 받아야 합니다. 주민등록 전입신고를 하면 다음 날(익일 0시)부터 대항력이 생기고, 확정일자를 받으면 건물이 경매로 넘어가더라도 환가 대금에서 보증금 중 일정 금액을 후순위 권리자보다 먼저 받는 우선변제권을 보유할 수 있기 때문입니다. 소액 보증금은 확정일자가 없어도 입주와 전입신고만 하면 그 일정액을 최우선변제 해줍니다. 만약 덜 받은 보증금이 있다면 확정일자가 있어야만 추가로 배당을 해줍니다.

» **주민센터에 직접 방문하기 어려운 경우 온라인 '민원24(전입신고)'에서 회원 가입 후 전입신고가 가능합니다.** 직접 방문은 본인 또는 대리인 신청이 가능하나, 온라인은 대리인 신청이 불가능합니다.

» **확정일자를 받는 방법 4가지**

① 주소지 주민센터 방문

② 법원 등기소 이용

③ 공증사무소 이용

④ 대법원 인터넷 등기소(www.iros.go.kr)에서 회원 가입 후 확정일자 메뉴를 이용해 받는 방법(2015년 9월 14일부터 시행)

권리 순위 관계, 계약서, 중개 대상물 확인·설명서, 잘 확인해요! ▼ 🔍

등기사항전부증명서, 미납 국세, 다가구주택 확정일자 현황 등을 반드시 확인하여 선순위 담보권자가 있는지를 확인해야 합니다. 있다면 금액이 얼마인지, 건물 시세에 비해 금액이 과다한지 여부 등을 부동산 중개업자 말만 믿지 말고 본인이 꼼꼼히 살펴봐야 합니다. 또한 부동산 중개업소에서 교부하는 계약서, 확인·설명서에 누락된 사항은 없는지, 추가할 사항은 없는지, 나에게 불리한 조항은 없는지 등을 확인해보고 서명해야 합니다.

국세·지방세 완납증명서, 달라고 해요! ▼ 🔍

국세·지방세 완납 여부는 계약서 작성 전에 임대인의 동의를 받아 임차인이 관할 세무서 또는 관할 주민센터·등기소에서 확인할 수 있습니다. 임대인이 직접 납세증명원이나 확정일자 현황을 발급 받아 확인 가능합니다. 잔금 지급 전까지는 국세와 지방세 완납증명서를 첨부하기로 하고, 체납 사실이 있는 경우 잔금 지급일 전까지 해결하기로 하는 내용을 특약사항에 적어봐야 합니다.

등기사항전부증명서는 건물·토지, 둘 다 봐야 해요!   ▼   Q

건물 소유자와 토지 소유자가 일치하는지 반드시 확인해야 합니다. 건물 소유자와 토지 소유자가 일치하는 경우가 대부분이지만, 간혹 타인의 토지 위에 건물을 축조하는 경우도 있습니다. 임차인은 건물만을 사용·수익하기 때문에 평소에는 문제가 없지만, 만약 건물이 경매에 들어간다면 임차인은 건물 매각 대금에서만 보증금을 회수할 수 있습니다.

등록된 중개업소인지 반드시 확인해봐요!   ▼   Q

부동산 중개업소를 통해 계약할 때에는 해당 지방자치단체에 등록된 중개업소인지, 등록번호를 통해 확인해야 합니다. 개업공인중개사가 중개업소의 벽에 걸려 있는 사업자등록증상의 대표자인지, 중개 사고 발생 시 지급하는 업무보증에도 가입되어 있는지 확인해야 합니다.

계약서 특약사항은 정확하게 적어놔요!   ▼   Q

계약서에 미흡한 사항이 있거나 양 당사자의 추가 요구사항이 있을 경우 특약사항을 이용하여 정확하게 기재해야 계약 기간 만료 후 분쟁을 줄일 수 있습니다.

임대인·임차인,
이것만은 짚고 넘어가자

계약서 작성 및 입주,
첫 단추가 중요하죠!

Q 부동산 중개업소를 통해 보증금 1억 원에 아파트 전세로 입주하려는 세입자입니다. 임대인이 임차인에게 불리한 여러 가지 항목을 계약서 특약사항에 넣어달라고 합니다. 이 경우 임대인이 원하는 모든 사항을 수용해야 하나요?

A **임대인의 요구사항을 무조건 수용할 필요는 없습니다.** 특약사항은 임대인과 임차인 상호 간의 필요사항을 계약서에 기재하는 것입니다. 특히 임차인에게 불리한 조항은 「주택임대차보호법」 편면적 강행 규정에 반하므로 그 효력이 없다고 보는 것이 타당합니다.

» 「주택임대차보호법」 제10조(강행 규정)

이 법에 위반된 약정으로서 임차인에게 불리한 것은 그 효력이 없다.

TIP 좋은 방을 구하는 것 못지않게 계약서 작성도 중요한 일입니다. 계약서는 계약 존속 기간 중 법적 분쟁 발생 시 중요한 근거자료가 됩니다. 최대한 본인의 관점에서 유리한 조항은 많이 넣고, 불리한 조항은 빼거나 절충점을 찾아야 합니다.

계약금을 임대인이 아닌 가족 명의의 계좌로 입금해도 되나요? ▾ 🔍

Q 원룸을 보증금 200만 원, 월세 30만 원, 계약 기간 1년으로 하는 조건으로 부동산 중개업소를 통해 계약하려는 임차인입니다. 계약서 작성 시 임대인에게 사정이 있어 계약금 20만 원을 가족 명의의 통장으로 입금해달라고 합니다. 계약금을 타인의 계좌로 입금해도 문제없나요?

A **계약금을 포함한 모든 금액은 임대인의 계좌로 입금해야 법적 분쟁 발생 시 증거의 근거자료가 됩니다.** 불가피하게 타인의 계좌로 입금할 경우에는 임대인과 직접 통화해서 입금 여부를 확인하고 영수증 등을 받아두어야 합니다.

TIP 보증금을 포함한 월차임 등은 임대인의 계좌로 입금해야 합니다. 불가피하게 타인의 계좌로 입금할 경우에는 임대인에게 영수증 등을 잘 받아놔야 합니다.

확정일자 등록은 임차인 본인만 가능한가요? ▼ Q

Q 전세 7,000만 원으로 투룸의 임대차 계약을 체결했습니다. 임대차 계약서 작성 후 확정일자를 받아야 하는데, 직장에 다니는 관계로 해당 기관에 직접 방문하기가 어렵습니다. 저 대신에 배우자를 보내려고 하는데 가능한가요?

A **확정일자는 본인뿐만 아니라 배우자가 받는 것도 가능합니다.** 방문 시에는 임대차 계약서 원본(사본은 불가, 계약서 원본에다 확정일자 인을 날인해줌)과 계약자 신분증, 대리인 신분증 등을 지참하면 됩니다.

🏠 **TIP** 입주와 동시에 전입신고를 하고 확정일자를 꼭 받아놔야 합니다. 그래야만 만약 경매에 넘어가 보증금 전부 또는 일부를 받지 못했을 경우 후순위 권리자보다 우선해서 배당을 받을 수 있습니다. 해당 기관을 직접 방문해서 받는 방법도 있고, 대법원 인터넷 등기소(www.iros.go.kr)에서 회원 가입 후 확정일자 메뉴를 이용해 등록하는 방법(2015년 9월 14일부터 시행)도 있습니다.

공동 명의일 경우 전입신고는 어떻게 하나요? ▼ Q

Q 올가을 결혼을 앞둔 예비 신부입니다. 전세 보증금 1억 원에 아파트를 공동 명의로 계약했습니다. 입주하는 당일 저는 전입신고가 가능한데, 남자친구는 현재 거주하는 집의 계약 기간이 남아 있어

불가능합니다. 이 경우 둘 중 한 사람만 전입신고를 해도 법의 보호를 받을 수 있나요?

A **네, 둘 중 한 사람만 전입신고를 해도 무방합니다.** 원칙적으로는 둘 다 전입신고를 해야 대항력이 발생합니다. 그러나 전세 보증금은 불가분 채권으로, 공동 명의자 중 한 명이라도 전입신고가 되어 있고 실제 거주하고 있다면 대항력과 우선변제권의 효력이 발생한다고 볼 수 있습니다.

주소지만 기재되어 있고, 호수가 누락되었네요! ▾ 🔍

Q 저는 올해 고등학교를 졸업하고 대학교 인근 원룸에 입주를 하면서 임대인과 직거래로 계약서를 작성했습니다. 계약서에 지번만 기재되어 있고 호수가 누락되었는데, 이 경우에도 입주와 전입신고를 하면 법의 보호를 받을 수 있나요?

A **네, 단독주택이나 다가구주택은 법의 보호를 받을 수 있습니다.** 원래 주택 임대차 계약서 작성 시 소재지는 호수까지 기재하는 것이 원칙입니다. 그러나 단독주택이나 다가구주택(한 건물의 소유자가 동일하고 별도의 구분등기가 되어 있지 않은 건물)의 경우 입주와 전입신고 및 확정일자를 받으면 「주택임대차보호법」의 대항력을 인정받아 법의

보호를 받을 수 있습니다.

건물과 공부상의 호수가 불일치하네요?   ▼   🔍

Q 저는 신축 다세대주택 현관문에 붙어 있는 201호로 계약서를 작성하고 전입신고를 마친 후 입주하게 되었습니다. 아무런 문제 없이 살고 있었는데, 집이 경매에 넘어가며 배당 절차에서 누락되어 확인해보니 전입신고 한 호수와 건축물대장상의 호수(101호)가 불일치했습니다. 이런 경우 법의 보호를 받을 수 없는 건가요?

A **네, 공동주택의 경우에는 법의 보호를 받을 수 없습니다.** 「주택임대차보호법」에서 주택의 인도(입주)와 더불어 대항력의 요건으로 규정하고 있는 주민등록은 거래의 안전을 위하여 임대차의 존재를 제3자가 명백히 인식할 수 있게 하는 공시 방법으로 마련된 것입니다. 공동주택(아파트·연립주택·다세대주택 등)은 아파트처럼 구분등기가 되어 있어 건축물대장에 있는 지번과 전입신고 후 거주하고 있는 주택의 동·호수가 불일치한다면 법의 보호를 받을 수 없습니다.

🏠
TIP 단독주택이나 다가구주택은 호수가 누락되거나 잘못 기재되어도 문제가 없으나, 공동주택은 대장상의 호수와 실제 거주하고 있는 호수가 불일치할 경우 법의 보호를 받을 수 없으므로 계약서 작성 전에 건축물대장 등을 꼼꼼히 확인해야 합니다.

Q 저는 새내기 직장인입니다. 이번에 방을 알아보던 중 인터넷에서 맘에 드는 집이 있어 부동산 중개업소를 통해 전세 계약을 하려고 합니다. 등기사항전부증명서를 보니 부부 공동 명의로 되어 있는데, 남편분은 바쁘셔서 아내분만 오신다고 합니다. 이런 경우 계약서에 아내분만 날인해도 되나요?

A **부부간의 지분 비율에 따라 달라집니다.** 부부간에는 일상가사 대리권(日常家事代理權)이라는 것이 있으나, 이는 매매나 임대차에는 적용되지 않습니다. 공유물의 관리에 관한 사항은 공유자 지분의 과반수로 결정해야 합니다. 공유자의 지분이 별도로 표기되어 있지 않거나 만약 동일한 지분을 가지고 있다면 공동 명의자의 날인을 받아야 합니다. 만약 아내분의 지분 비율이 50%를 초과한다면 단독으로 날인하면 되나, 지분율이 50 대 50이라면 부부 둘 다 날인해야 합니다. 따라서 배우자(남편)의 인감도장이 날인된 위임장, 인감증명서 등을 통해 대리 여부를 확인하고 계약을 체결하는 것이 안전합니다.

》「민법」 제265조(공유물의 관리, 보존)

공유물의 관리에 관한 사항은 공유자 지분의 과반수로써 결정한다. 그러나 보존 행위는 각자가 할 수 있다.

≫「민법」제827조(부부간의 가사대리권)

① 부부는 일상의 가사에 관하여 서로 대리권이 있다.

TIP

등기사항전부증명서 갑구(소유권에 관한 사항)의 '권리자 및 기타 사항' 란에 대부분 공유자의 지분 비율이 표시되어 있으니 확인해보면 됩니다. 현행「민법」에는 부부 평등의 원칙에 따라 부부 상호 간에는 '일상가사대리권'이라는 것이 있어 부부의 공동생활에 통상적으로 필요한 것들은 대리권이 인정됩니다. 그러나 객관적으로 타당한 범위를 넘어선 금전 차용이나 가옥 임대, 어음 배서 행위, 근저당 설정 채무 보증 행위, 부동산 처분 행위 등은 일상적인 가사의 범위에 속하지 않습니다. 대법원 판례(1981.08.25. 선고)에서도 "남편 몰래 임의로 갖고 나온 남편의 인장, 아파트 분양 계획서 및 유효기간이 지난 인감증명서를 처가 소지하고 있었던 사실만으로는 처가 아파트 매도 행위에 대한 대리권을 가지고 있다고 인정할 수 없다" 고 판시했습니다.

전대차 계약 시 주의할 점은 뭔가요?	▾

Q 원룸에 입주하려고 인터넷 검색을 하다가 임대인이 아닌 임차인이 직접 올린 광고를 보고 맘에 들어 현재 거주하고 있는 임차인과 계약하려고 합니다. 이 경우 주의사항은 무엇인가요?

A **전대차 계약은 반드시 임대인의 동의를 필요로 합니다.** 현재 거주하고 있는 임차인이 계약 기간 중 본인의 사정에 의해 인터넷 광고를 통해 전대차를 하려고 하는 것 같습니다. 전대차는 임대인의 동의가 반드시 필요합니다. 임대인 동의 없이 전대차를 했을 경우 임대인

은 임차인에게 계약을 해지하고 퇴거를 명할 수 있습니다. 따라서 전대차 계약은 신중하게 해야 됩니다.

🏠 **TIP**

> 인터넷의 발달로 대부분의 매물이 인터넷상에 올라와 있습니다. 그런데 실제 현장에 가서 확인해보면 사진과 많이 상이하거나 허위 매물인 경우도 있으니 속지 않도록 주의해야 합니다. 특히 현재 살고 있는 거주자가 내놓은 물건이라면 임대차 계약서 등을 꼼꼼히 확인해서 가장 임차인이 아닌지 세심한 주의가 필요합니다.

임차권 등기가 되어 있는 주택에 입주해도 되나요?

Q 인터넷에서 검색을 하다 맘에 드는 집이 있어 중개업소를 통해 해당 주택을 둘러보고 계약서를 작성하려고 합니다. 중개업자가 교부해준 등기사항전부증명서 을구 란에 주택 임차권이 등재되어 있습니다. 주변 시세보다 저렴하여 계약을 하려고 하는데, 이 경우 법의 보호를 받을 수 있나요?

A **주택 임차권이 등재된 건물에 새로 들어오는 임차인은 우선변제를 받을 권리가 없습니다.** 주택 임차권 등기가 되어 있다는 것은 예전에 살던 사람이 보증금을 받지 못한 채 이사를 갔다는 뜻입니다. 계약 기간 만료 후 임대인이 곧바로 보증금을 반환해주면 문제가 없지만 임차권 등기를 기반으로 강제 경매를 신청할 수도 있습니다. 경매가 진행된다면 사례자의 보증금이 「주택임대차보호법」상 소액 보증

금 범위 내에 해당된다고 하더라도 최우선변제를 받을 수 없습니다. 주변 시세보다 저렴하다면 나름대로 이유가 있는 것입니다. 신중히 판단해서 결정해야 합니다.

≫ 「주택임대차보호법」 제3조의 3(임차권 등기명령)

⑥ 임차권 등기명령의 집행에 따른 임차권 등기가 끝난 주택(임대차의 목적이 주택의 일부분인 경우에는 해당 부분으로 한정한다.)을 그 이후에 임차한 임차인은 제8조에 따른 우선변제를 받을 권리가 없다.

≫ 「주택임대차보호법」 제8조(보증금 중 일정액의 보호)

① 임차인은 보증금 중 일정액을 다른 담보물권자(擔保物權者)보다 우선하여 변제받을 권리가 있다. 이 경우 임차인은 주택에 대한 경매 신청의 등기 전에 제3조 제1항의 요건을 갖추어야 한다.

자녀가 대리계약 할 수 있나요? ▼ 🔍

Q 부동산 중개업자를 통해 임대차 계약을 하려고 합니다. 그런데 임대인이 지방 출장 중이라 친아들이 대리인으로 계약서를 작성한다고 합니다. 직계가족이 맞는다면 별도의 위임 서류 없이 계약을 체결해도 문제없을까요?

A 　**직계가족이라도 대리권이 있는지 반드시 확인해야 합니다.** 등
기사항증명서상 소유자가 반드시 계약의 당사자로서 계약서를
작성해야 하는 것은 아닙니다. 등기부상 소유자는 아니어도 직계가족,
개업공인중개사, 아니면 임대인이 지정하는 제3자든 상관없습니다. 다
만 대리계약을 한다면 임대인으로부터 적법한 대리 권한을 가졌는지
살펴봐야 합니다. 따라서 대리인임을 증명할 수 있는 위임장, 인감증명
서, 대리인 신분증 등을 복사해놓아야 합니다. 또한 임대인과도 직접
통화해서 위임 여부를 확인하고, 보증금 및 월세 등은 반드시 임대인의
계좌로 송금해야 합니다.

6개월 살아보고 연장 가능한가요? ▼ 🔍

Q 　제가 서울에 있는 본사에서 지방에 있는 건설현장 소장으로 파
견을 나가게 되었는데요, 공사 기간을 정확히 알 수 없어 원룸
계약을 일단 6개월 정도로 하려고 합니다. 그리고 추후 공사 진행 상황
을 봐서 계약 기간을 연장하려고 하는데 연장도 가능한가요?

A 　**계약 기간은 계약 자유의 원칙에 따라 계약 당사자 간에 합의만
되면 얼마든지 자유롭게 정할 수 있습니다.** 또한 주택의 임대차
존속 기간은 최저 2년입니다. 임대차 계약 기간을 2년 미만으로 정했더
라도 임차인은 최소한 2년의 기간을 보장받을 수 있습니다. 다만 임차

인으로서의 의무를 현저히 위반하거나 월차임을 2기 이상 연체할 경우 2년의 계약 기간을 주장할 수 없습니다.

»「주택임대차보호법」 제4조(임대차 기간 등)

① 기간을 정하지 아니하거나 2년 미만으로 정한 임대차는 그 기간을 2년으로 본다. 다만 임차인은 2년 미만으로 정한 기간이 유효함을 주장할 수 있다.

»「주택임대차보호법」 제6조(계약의 갱신)

② 임대차의 존속 기간은 2년으로 본다.

③ 2기(基)의 차임액(借賃額)에 달하도록 연체하거나 그 밖에 임차인으로서의 의무를 현저히 위반한 임차인에 대하여는 적용하지 아니한다.

가계약금은 돌려받을 수 없나요?

Q 인터넷에서 맘에 드는 다가구주택 원룸 매물을 확인하고 부동산 중개업소를 방문했습니다. 임대 조건은 보증금 300만 원에 월세 30만 원이며, 현재 비어 있는 방이라서 언제든지 입주가 가능하다는 중개업자의 설명을 들었습니다. 임대인이 해외 출장 중이니 계약서는 일주일 후에 작성하고, 먼저 가계약금을 걸어놔야 방을 놓치지 않는다고 해서 임대인의 계좌로 30만 원을 송금했습니다. 그런데 집에 돌아와 부모님께 말씀드렸더니 반대가 심해 계약을 취소하려고 합니

다. 아직 계약서를 작성하지 않았는데, 이 경우 가계약금을 돌려받을 수 있나요?

A **돌려받을 수 없습니다.** 「민법」상 계약의 형태는 불요식, 쌍무, 낙성계약 등으로 구분됩니다. 구두로 했든 계약서를 작성했든 가계약을 했든, 계약의 중요 부분에 대한 합의가 있었다면 계약이 성립된 것으로 봅니다. 여기서 말하는 중요 부분이란 계약 목적물, 금액, 대금 지급 방법 등이며 가계약 시 중요 부분에 대한 합의가 있었다면 계약의 성립으로 봅니다. 즉, 조건부 계약으로 봅니다.

판례에서는 가계약금의 반환 여부를 개별 사안에 따라 판단해야 한다는 입장입니다. 즉, 가계약의 합의 내용을 보고 이를 계약으로 볼 것인가(착수단계), 아니면 계약의 준비단계로 볼 것인가를 판단해야 한다는 것입니다.

≫ 부산지법 2007.07.26. 선고 2003가합10578 판결 요지

실거래에 있어서는 정식 계약 체결에 이르기 전에 당사자들의 다양한 이해관계를 반영하는 합의들이 흔히 '가계약'으로 이루어지는 경우가 많다. 그러나 가계약의 내용은 구속력의 정도나 규정하는 내용에 있어 매우 다양한 모습을 나타내고 있어 그 법적 성질과 효과를 파악하기가 쉽지 않다.

우선적으로 고려되어야 할 것은 의사표시의 해석을 통하여 나타나는 당사자들의 의사라 할 것인데, 당사자들이 장차 계속되는 교섭의 기초로서 작성한 것이고 장래의 교섭에 의하여 수정될 것이 예정되어 있다면 법적 구속력을 인정하기 힘들 것이지만, 주된 급부에 관하여 대략의 합의가 성립하여 있는 경우라면 그 부수적인 내용이 상세하게 확정되어 있지 않다고 하더라도 위 합의에 관하여는 독자적인 구속력 및 책임의 근거로서 인정해야 할 경우가 많이 있다. 따라서 가계약은, 본계약 주요 급부의 중요 부분이 확정되어 있는 경우는 예약 또는 조건부 계약으로 볼 수 있고, 그것이 확정되어 있지 않는 경우는 준비단계의 계약으로 볼 것이다.

가계약의 구속력으로서 본계약 체결 의무를 인정하여 그 이행 이익의 배상을 구하기 위해서는 가계약에서 본계약 주된 급부의 중요 부분에 대해 합의가 이루어져 당사자가 임의로 본계약 체결을 파기할 수 없는 상태에 있어야 한다.

TIP

부동산 현장에서 보면 많은 분들이 가계약은 계약이 아니라고 생각합니다. 가계약금은 돌려주는 것이 관행 아니냐고 주장합니다. 하지만 그렇지 않습니다. 따라서 가계약금을 송금하기 전 임차인은 신중히 고민한 후 결정해야 할 것입니다. 만약 찜찜할 경우 계약이 체결되지 않으면 가계약금을 돌려준다는 내용의 확인서라도 임대인에게 받아두어야 합니다. 다음 페이지의 판례를 보면 ①계약의 중요 부분이란 매매 목적물, 매매 대금, 대금 지급방법이며, ②가계약 당시 이 부분에 대한 합의가 있었다면 조건부 계약으로 볼 수 있으며, ③이는 법적 구속력이 있으므로 가계약금은 돌려받을 수 없다고 나와 있습니다. 사례자의 경우를 보면 ①보증금과 월세는 이미 확정되었고, ②현재 공실이라 임차인이 언제든 들어올 수 있다고 쌍방이 합의(임대인 측은 부동산이 위임받음)했기 때문에 가계약은 법적 구속력이 있으므로 가계약금을 돌려받을 수 없습니다.

Q 저는 다가구주택의 원룸을 전세 4,000만 원, 계약 기간 2년으로 해서 부동산 중개업자를 통해 계약서를 작성했습니다. 계약서 작성 후 계약금의 10%인 400만 원을 임대인의 계좌로 이체하고 나서 아버지께 말씀드리니 은행 대출이 너무 많다며 빨리 취소하라고 하십니다. 계약서 작성 후 24시간 이내에 취소하면 계약금을 돌려받을 수 있다고 하던데 맞는 말인가요?

A **돌려받을 수 없습니다.** 부동산 현장에서 그렇게 잘못 알고 있는 분들이 종종 있습니다. 「민법」상 당사자 간의 청약과 승낙에 따른 의사의 합치로 계약이 성립됩니다. 이 과정에서 수수된 계약금을 「민법」에서는 당사자 사이에서 주된 계약의 해제권을 유보하기 위하여 수수된 해약금으로 추정하고 있습니다. 따라서 계약을 해제하려면 임대인은 수수한 계약금의 배액을, 임차인은 계약금을 해약금으로 지급해야만 합니다.

≫ 「민법」 제565조(해약금)

① 매매의 당사자 일방이 계약 당시에 금전, 기타 물건을 계약금, 보증금 등의 명목으로 상대방에게 교부한 때에는 당사자 간에 다른 약정이 없는 한 당사자의 일방이 이행에 착수할 때까지 교부자는 이를 포기하고, 수령자는 그 배액을 상환하여 매매 계약을 해제할 수 있다.

Q 저는 원룸의 월세를 계약하면서 특약사항에 "임차인이 애완동물을 키우면 즉시 방을 비워주기로 한다"는 문구를 넣고 입주했습니다. 몇 개월 경과 후 지인이 강아지를 분양해줘서 키우고 있는데, 임대인이 이를 알고 계약사항 위반이니 집을 비워달라고 합니다. 이럴 경우 집을 비워줘야 하나요?

A **네, 집을 비워줘야 합니다.** 「민법」상 계약은 사적자치 원칙에 의거, 임대인과 임차인 상호 간에 형식과 내용에 구애됨이 없이 자유로이 협의하고 정할 수 있습니다. 또한 '당사자 간 합의'가 최우선적으로 적용됩니다. 물론 임대인에 비해 상대적으로 약자인 임차인의 주거생활권을 보장하기 위해 제정한 「주택임대차보호법」에서는 임차인에게 불리한 조항은 강행규정 위반으로 무효로 하고 있습니다. 그러나 무조건 무효가 아니라 사안에 따라 '계약 기간'이나 '목적물 명도' 등 특정한 항목만 규정하고 있습니다. 사례자의 경우처럼 "임차인이 애완동물을 키우면 즉시 방을 비워주기로 한다"는 내용을 당사자 간에 합의하고 임차인이 이를 위반했다면 계약 해지 사유에 해당합니다.

🏠
TIP 다가구주택에서 임차인이 애완동물을 키워서 임대인과의 다툼이 잦은 게 현실입니다. 임차인은 계약 체결 전 임대인에게 애완동물과 동반 입주가 가능한지 여부를 확인하고 계약서 특약사항에 기재해야 분쟁을 줄일 수 있습니다.

Q 저는 다가구주택의 임대인으로 보증금 500만 원, 월차임 40만 원, 계약 기간 1년으로 임대차 계약서를 작성했습니다. 계약금 50만 원을 임차인에게 아직 받지 않은 상태에서 조건 없이 계약 해제가 가능한가요?

A **조건 없는 계약 해제는 불가능합니다.** 부동산 거래에서 계약서 작성 후 계약금을 송금 받기 전에는 언제든 계약 해제가 가능한 것으로 생각하는 분들이 많습니다. 하지만 이는 잘못 알고 있는 상식입니다. 「민법」에서 계약의 성립은 거래 당사자 간 의사의 합치로 이루어지는 것이며, 이는 일정한 방식을 요하지 않는 불요식 계약이라고 합니다. 부동산 계약에서 주계약은 임대차 계약이고, 계약금을 지급하기로 하는 약정은 계약에 부수되는 종된 계약입니다. 만약 양 당사자 중 어느 일방이 계약을 파기한다면 상대방에 대해 위약금을 지급해야 합니다.

》 대법원 2008.03.13. 선고 2007다73611 판결 요지

계약이 일단 성립한 후에는 당사자의 일방이 이를 마음대로 해제할 수 없는 것이 원칙이다. 다만 주된 계약과 더불어 계약금 계약을 한 경우에는 「민법」 제565조 제1항의 규정에 따라 임의 해제를 할 수 있기는 하나, 계약금 계약은 금전, 기타 유가물의 교부를 요건으로 하므로 단지 계약금을 지급하기로 약정한 단계에서는 아직 계약금으로서의 효력, 즉 위 「민법」 규정에 의해 계약 해제를 할 수 있는 권리는 발생하지 않는다고 할 것이다. 따라서 당사자가 계약금의 일부만을 먼저 지급하고 잔액은 나중에 지급하기로 약정하거나 계약금 전부를 나중에 지급하기로 약정한 경우 교부자가 계약금의 잔금이나 전부를 약정대로 지급하지 않으면 상대방은 계약금 지급 의무의 이행을 청구하거나 채무 불이행을 이유로 계약금 약정을 해제할 수 있다. 나아가 위의 약정이 없었더라면 주계약을 체결하지 않았을 것이라는 사정이 인정된다면 주계약도 해제할 수 있을 것이나, 교부자가 계약금의 잔금 또는 전부를 지급하지 아니하는 한 계약금 계약은 성립하지 아니하므로 당사자가 임의로 주계약을 해제할 수는 없다 할 것이다.

임대인과 직접 계약해도 되나요? ▾ 🔍

Q 저는 인터넷으로 방을 알아보다 임대인이 직접 올린 방을 보고 전세 계약을 체결하려고 합니다. 임대인은 부동산 중개업소를 통하면 부동산 중개 보수가 발생하니 당사자 간에 직접 계약서를 작성하자고 합니다. 임대인과 직접 계약을 체결할 때와 부동산 중개업소를 이용할 때의 차이점은 무엇인가요?

A **전세 계약서를 작성할 때에는 부동산 중개업소를 이용해야 안전합니다.** 물론 부동산 중개업소를 배제하고 임대인과 직접 계

약을 체결할 경우 부동산 중개 보수는 발생하지 않습니다. 입주하고자 하는 건물에 특별한 하자가 없거나 임대차 계약 기간 만료 후 임대인이 아무런 문제없이 보증금을 잘 반환해준다면 거래 당사자 간의 직접 거래도 문제될 것은 없습니다. 다만 임대인과 직거래로 계약한 상태에서 임차주택이 경매로 매각된다면 경우에 따라 보증금의 일부 또는 전부를 받지 못할 수도 있습니다. 임대인에게 임차주택뿐만 아니라 다른 재산도 있다면 추적하여 보증금을 회수하면 됩니다. 그런데 만약 부동산에 중개 보수를 지급하고 계약서를 작성한 상태에서 임차인에게 불측의 손해가 발생하면 개업공인중개사를 상대로 손해배상을 청구할 수 있습니다. 이 경우 개업공인중개사의 고의 또는 과실이 있어야 합니다.

》「공인중개사법」 제30조(손해배상책임의 보장)

① 개업공인중개사는 중개 행위를 함에 있어서 고의 또는 과실로 인하여 거래 당사자에게 재산상의 손해를 발생하게 한 때에는 그 손해를 배상할 책임이 있다.

TIP

> 부동산 중개업자는 부동산 전문가로서 계약 체결 단계에서부터 법적인 문제가 발생하지 않도록 꼼꼼히 체크해줍니다. 보증금이나 월세 등의 문제가 발생하거나 계약 기간 중 임대인과 임차인 간의 갈등이 생겼을 때 중간에서 조정하는 역할도 해줍니다. 특히 보증금이 많지 않은 월세는 몰라도 전세 계약 체결 시에는 개업공인중개사를 통해 중개 계약을 하는 방법을 추천합니다.

Q 저는 부동산 중개업소를 통해 아파트 전세 계약을 체결한 임차인입니다. 계약서 작성 당시 임대인의 위임을 받은 대리인이 임대인 도장 없이 대리인 란에만 날인을 했는데 대리인만 날인해도 되는 건가요?

A **네, 대리인만 날인해도 됩니다. 부동산 임대차 계약서를 살펴보면 맨 위에 임대인 란이 있고, 그 밑에 대리인 란이 있습니다.** 임대인과 대리인 둘 다 도장을 날인하는 것도 상관없고, 대리인만 날인해도 상관없습니다. 그러나 임대인 란에는 도장이 날인되어 있는데, 대리인 란에 날인이 빠져 있다면 향후 문제가 발생할 수 있습니다. 법적 분쟁 발생 시 대리인의 책임을 물어야 하는데, 대리인이 계약 체결을 부인할 수도 있습니다. 이때 대리인의 도장은 인감도장이 아닌 막도장도 상관없습니다.

Q 계약 체결 시 임대인이 직접 나올 수 없는 경우 위임을 받은 대리인에게 위임장, 인감증명서, 신분증 등을 확인해보라는 이야기를 많이 들었는데, 여기서 말하는 신분증은 임대인과 대리인 중 누구

의 신분증인가요?

A **원칙적으로 대리인의 신분증을 말합니다.** 왜냐하면 진정한 대리인인지 여부를 신분증을 통해 확인하기 위해서입니다. 물론 대리인과 임대인 당사자의 신분증을 확인하고 둘 다 복사해놓는 것이 좋습니다.

부동산 중개업소에서 신분증을 요구하네요!

Q 부동산 중개업소에서 원룸의 전세 계약서를 작성하려고 하는 임차인입니다. 계약서 작성 전 제 신분증을 보여달라고 하는데 중개업자에게 신분증을 꼭 제시해야 하나요? 저는 임대인에게 월세를 주는 입장인데, 임대인의 신분증만 확인하면 되는 것 아닌가요?

A **네, 제시해야 합니다.** 부동산에서 임대차 계약서 작성 시 거래 당사자(임대인·임차인)의 신분 확인은 반드시 해야 하는 절차이며, 관련 법률에도 명시되어 있습니다. 계약서 작성 전 부동산 중개업자가 임차인의 신분증 제시를 요구하는 이유는 타인의 신분증으로 계약을 체결하는 경우, 무능력자(미성년자)가 법률 행위를 하는 경우, 향후 임차인의 의무를 현저히 위반하여 법적 조치가 필요한 경우 등에 필요하기 때문입니다. 권리를 소유하고 있는 임대인의 신분 확인이 필요

하듯, 권리를 이전받을 임차인의 신분 확인도 꼭 필요합니다.

≫「공인중개사법」 제25조의 2(소유자 등의 확인)

개업공인중개사는 중개 업무의 수행을 위하여 필요한 경우에는 중개 의뢰인에게 주민등록증 등 신분을 확인할 수 있는 증표를 제시할 것을 요구할 수 있다.

TIP

> 부동산 중개 현장에서 임차인(세입자)의 신분 확인을 소홀히 하여 간혹 중개 사고가 발생합니다. 따라서 거래 당사자(임대인·임차인)의 신분 확인은 꼭 필요한 사항입니다.

전입신고 전에 확정일자를 먼저 받아도 되나요?

Q 부동산 중개업소에서 전세 계약서를 작성한 임차인입니다. 사정상 확정일자를 먼저 받아놓고, 전입신고는 일주일 후쯤에 하려고 하는데 문제없을까요?

A **확정일자를 나중에 받으면 문제가 생길 수 있습니다.** 계약서 작성 후 전입신고와 확정일자신고 둘 중 어느 것을 먼저 해도 법적으로 무효가 되지는 않습니다. 다만 확정일자를 먼저 받았다고 해도 효력은 전입신고일부터입니다. 대항력은 전입신고 익일 0시부터 발생하지만, 확정일자의 우선변제권은 전입일부터 계산합니다. 반대로 전

입신고 먼저 해놓고 확정일자를 나중에 받는 것은 문제가 생길 수 있습니다. 전입신고와 확정일자신고 중간에 제3자가 저당권을 설정할 경우 우선변제권은 저당권보다 늦어집니다. 가장 좋은 방법은 입주와 전입신고, 확정일자신고를 동시에 처리하는 것입니다.

살다 보니 별일이 다 있네요!

보증금에서 연체된 월세를 공제할 수 있나요?

Q 저는 보증금 500만 원, 월세 30만 원으로 원룸에 살고 있는 세입 자입니다. 수입이 일정하지 않아 월세를 3개월 연체하자 임대 인이 월세를 내지 못하면 방을 비워달라고 합니다. 제가 예치한 보증금 500만 원으로 월세를 공제해달라고 주장할 수는 없나요?

A **임차인이 임대차 보증금의 존재를 이유로 차임의 지급을 거절 할 수는 없습니다.** 임대차는 임대인이 임차인에게 임차 목적물 을 사용·수익하게 할 것을 약정하고, 임차인이 이에 대하여 차임(임차 료)을 지급할 것을 약정함으로써 성립되는 쌍무계약입니다. 임차 보증 금의 법적 성질에 관하여 판례에서는, "부동산 임대차에 있어서 수수된

보증금은 임료채무, 목적물의 멸실·훼손 등으로 인한 손해배상채무 등 임대차 관계에 따른 임차인의 모든 채무를 담보하는 것으로서, 그 피담보채무 상당액은 임대차 관계의 종료 후 목적물이 반환될 때에 특별한 사정이 없는 한 별도의 의사표시 없이 보증금에서 당연히 공제된다"고 하였습니다(대법원 1999.12.07. 선고 99다50729 판결, 2005.09.28. 선고 2005다8323,8330 판결). 그리고 임차인이 월세를 지급하는 대신 보증금에서 공제하라고 할 수 있는지에 관하여 "차임 등 임대차 관계에서 발생하는 임차인의 모든 채무가 담보된다 하여 임차인이 그 보증금의 존재를 이유로 차임의 지급을 거절하거나 그 연체에 따른 채무 불이행 책임을 면할 수는 없다"고 하였습니다(대법원 1994.09.09. 선고 94다4417 판결).

≫ 「민법」 제640조(차임 연체와 해지)

건물, 기타 공작물의 임대차에는, 임차인의 차임 연체액이 2기의 차임액에 달하는 때 임대인은 계약을 해지할 수 있다.

≫ 대법원 2016.11.25. 선고 2016다211309 판결 요지

임대인에게 임대차 보증금이 교부되어 있더라도 임대인은 임대차 관계가 계속되고 있는 동안에는 임대차 보증금에서 연체 차임을 충당할 것인지를 자유로이 선택할 수 있다(대법원 2005.05.12. 선고 2005다459, 466 판결 등 참조). 따라서 임대차 계약 종료 전에는 공제 등 별도의 의사표시 없이 임대차 보증금에서 당연히 공제되는 것은 아니고(대법원 2013.02.28. 선고 2011다49608,49615 판결 등 참조), 임차인도 임대차 보증금의 존재를 이유로 차임의 지급을 거절할 수 없다.

임대인이 바뀌면 계약서를 다시 써야 하나요?

Q 임대차 계약을 통해 입주한 건물의 소유주가 최근에 변경되었습니다. 이런 경우 변경된 소유주와 계약서를 다시 작성해야 되나요?

A **변경된 소유주와 계약서를 다시 작성할 필요는 없습니다.** 임차주택의 양수인은 전 임대인이 가지고 있던 권리·의무 등의 법적 지위를 자동으로 승계합니다. 또한 건물에 대한 소유권과 함께 현재 거주하고 있는 임차인에 대한 계약사항들도 자동 승계되므로 별도의 계약서를 작성할 필요는 없습니다. 다만 임차인의 사정에 따라 계약서를 다시 작성할 필요가 있을 경우에는 새로운 임대인에게 재작성을 요청하면 됩니다. 또한 사례자가 「주택임대차보호법」의 요건을 갖춘 임차인이라면 계약 기간 만료 때까지는 이사 갈 필요 없이 임차인으로서의 권리를 주장할 수 있습니다.

》 「주택임대차보호법」 제3조(대항력 등)
④ 임차주택의 양수인(그 밖에 임대할 권리를 승계한 자를 포함한다.)은 임대인의 지위를 승계한 것으로 본다.

Q 제가 임차하여 살고 있는 집의 소유주가 최근에 바뀌었는데, 계약 기간 만료 이전이라도 계약 해지를 요청하고 다른 곳으로 이사 갈 수 있을까요?

A **계약을 해지할 사정 변경의 경우에만 가능합니다.** 임차주택의 소유주가 변경되었다고 해서 현재 살고 있는 임차인이 곧바로 계약 해지 권한을 갖는 것은 아닙니다. 다만 소유주가 변경됨으로 인해 임차인이 목적물을 사용·수익하는 데 지장을 받게 되는 등의 사정 변경이 생긴 경우에 한하여 임대차 계약 해지를 요청할 수 있습니다.

Q 임대차 계약 체결 당시의 임대인과 계약 기간 만료 후 나갈 때의 임대인이 다르면 누구에게 보증금 반환 청구를 해야 하나요?

A 새로운 임대인에게 보증금 반환 청구를 하면 됩니다. 어떠한 사유로 건물의 소유주(임대인)가 변경된 경우 임차주택의 양수인은 임대인의 권리와 의무를 자동 승계합니다. 따라서 변경된 임대인에게 보증금 반환 청구를 하면 됩니다.

Q 부동산 중개업소를 통해 전세 계약서를 작성한 임차인입니다. 금융기관에서 전세자금대출을 받기 위해 계약서를 은행에 제출해야 되는데, 계약서를 분실했을 경우 어디서 재발급 받아야 하나요?

A **부동산 중개업소를 통해 재발급을 받을 수 있습니다.** 임대차 계약서는 부동산에서 3부를 작성하여 임대인, 임차인, 개업공인중개사가 각각 보존합니다. 또한 개업공인중개사는 거래 계약서를 5년간 보존하므로 개업공인중개사에게 사본을 요청하면 됩니다.

≫ 「공인중개사법」 제26조(거래 계약서의 작성 등)

① 개업공인중개사는 중개 대상물에 관하여 중개가 완성된 때에는 대통령령이 정하는 바에 따라 거래 계약서를 작성하여 거래 당사자에게 교부하고 대통령령이 정하는 기간 동안 그 사본을 보존하여야 한다.

≫ 「공인중개사법」 시행령 제22조(거래 계약서 등)

② 법 제26조 제1항에서 '대통령령이 정하는 기간'이라 함은 5년을 말한다.

Q 저는 보증금 200만 원, 월세 30만 원으로 원룸에 살다가 만기가 되어 지방으로 이사를 왔습니다. 그런데 임대인에게 보증금을 송금해달라고 했더니 계약서 원본을 돌려줘야 보내준다고 합니다. 계약 기간 만료 후 나갈 때 계약서 원본을 임대인에게 꼭 돌려줘야 하나요?

A **계약 기간 만료 후 임대차 계약서 원본을 돌려줘야 할 의무는 없습니다.** 계약 기간 종료 후 임대인의 보증금 반환 의무와 임차인의 임대 목적물 반환 의무는 동시 이행 관계이나, 임차인이 계약서 원본까지 임대인에게 돌려줘야 할 의무는 없습니다.

Q 저는 현재 직장인입니다. 회사에서 가까운 곳에 원룸을 얻어 월세로 살고 있는데, 월세에 대한 소득공제를 받으려면 임대인의 동의를 받아야 하나요?

A **별도의 임대인 동의는 받지 않아도 됩니다.** 근로소득이 있는 거주자 또는 「조세특별제한법」 제122조의 3 제1항에 따른 사업자는 「소득세법」 및 「조세특례제한법」에 따라 월세에 대한 소득공제를 받

을 수 있습니다. 근로소득세 연말정산 또는 종합소득세 신고 시 주민등록표등본, 임대차 계약증서 사본 및 임대인에게 월세액을 지급하였음을 증빙할 수 있는 서류 등을 담당 부서에 제출하면 됩니다.

임대인의 동의 없는 전대차 계약, 괜찮은가요?

Q 제가 소유하고 있는 다가구주택의 임차인 중 한 명이 제 허락 없이 새로운 임차인과 전대차 계약을 체결해 새로운 전차인이 입주해서 살고 있습니다. 새로 입주한 세입자가 밤마다 친구들을 데리고 와서 시끄러워 다른 세대의 민원이 끊이지 않는데, 이런 경우 전차인에게 나가라고 할 수 있나요?

A **임대인의 동의 없는 전대차는 무효입니다.** 임차인이 본인의 사정에 의해 제3자에게 전대를 할 경우에는 임대인(집주인)의 동의를 받아야 합니다. 동의 없음을 이유로 임대인은 전차인(새로운 세입자)에게 집을 비워달라고 할 수 있습니다. 물론 임대인의 동의를 받지 않더라도 전대인(임대인과 직접 계약한 임차인)과 전차인(임차인과 계약한 새로운 세입자) 사이에서의 계약은 유효합니다. 따라서 전차인이 나갈 때에는 전대인에게 지급했던 보증금을 반환 받으면 됩니다. 다만 전세권 설정을 체결한 전세권자는 임대인의 동의 없이도 재임대 할 수 있습니다. 이 경우에도 계약서상에 전대를 금지한다는 조항이 들어 있다면

당사자의 약정에 따릅니다.

›› 「민법」 제306조(전세권의 양도, 임대 등)

전세권자는 전세권을 타인에게 양도 또는 담보로 제공할 수 있고, 그 존속 기간 내에서 그 목적물을 타인에게 전전세 또는 임대할 수 있다. 그러나 설정행위로 이를 금지한 때에는 그러하지 아니하다.

›› 「민법」 제629조(임차권의 양도, 전대의 제한)

① 임차인은 임대인의 동의 없이 그 권리를 양도하거나 임차물을 전대하지 못한다.

② 임차인이 전 항의 규정에 위반한 때에 임대인은 계약을 해지할 수 있다.

가족들만 전입신고가 가능한가요?

Q 저는 부모님을 모시고 살며 직장생활을 하고 있는 노총각입니다. 다른 가족들은 전입신고와 입주를 다 했는데, 계약자인 아버지는 타 지역에 계시는 관계로 아직 전입신고를 하지 못했습니다. 이 경우에도 대항력을 인정받을 수 있는 건가요?

A **네, 대항력을 인정받을 수 있습니다.** 가족구성원 중 일부만 전입신고를 하고 거주하고 있다면 전입신고 한 날짜를 기준으로

대항력이 발생하므로 법적 문제는 없습니다. 대항력이 인정되는 '가족'의 주민등록이란 임차인과 세대를 같이하고 있던 가족으로서 새로운 주택에 임차한 후에도 임차인과 같이 거주하고 있는 동거 가족을 말합니다. 「주택임대차보호법」에서 규정하고 있는 주민등록이라는 대항요건은 임차인 본인뿐만 아니라 그 배우자나 자녀 등 가족의 주민등록을 포함합니다.

» 「주택임대차보호법」 제3조(대항력 등)

① 임대차는 그 등기가 없는 경우에도 임차인이 주택의 인도(引渡)와 주민등록을 마친 때에는 그 다음 날부터 제3자에 대하여 효력이 생긴다. 이 경우 전입신고를 한 때에 주민등록이 된 것으로 본다.

소유자 변경 시 만기 전 계약 해지가 가능한가요?

Q 제가 거주하던 집이 최근에 경매로 인해 새로운 소유자로 바뀌었습니다. 계약 기간이 아직 남아 있지만 찜찜한 마음이 들어 그냥 이사를 가려고 합니다. 이 경우 만기까지 계속 살아야 하나요, 아니면 계약을 해지하고 이사 갈 수 있나요?

A **네, 사안에 따라 계약을 해지하고 이사 갈 수 있습니다.** 건물 소유자가 변경된 경우 기존에 있던 건물 소유자의 권리와 의무가

새로운 임대인에게 모두 승계됩니다. 따라서 기존에 살고 있던 임차인은 별도의 절차 없이 만기까지 계속 거주할 수 있습니다. 다만 임차인이 새로운 소유자와의 관계가 불편하다거나 이사 갈 마음이 생겨서 계약의 해지를 요청하는 경우 임차인의 입장도 고려하여 해지할 수 있다는 대법원 판례가 있습니다.

» 「주택임대차보호법」 제3조(대항력 등)

④ 임차주택의 양수인(그 밖에 임대할 권리를 승계한 자를 포함한다.)은 임대인의 지위를 승계한 것으로 본다.

» 대법원 1998.09.02. 선고 98마100 판결 요지

임대인 지위의 양도는 임대인 의무의 이전을 수반하는 것으로서 임대인과 신소유자와의 계약만으로써 그 지위를 양도할 수 있다 할 것이나, 이 경우에 임차인이 원하지 아니하면 임대차의 승계를 임차인에게 강요할 수 없으므로 임차인 스스로 임대차를 종료시킬 수 있어야 한다는 공평의 원칙 및 신의성실의 원칙에 따라 임차인이 곧 이의를 제기함으로써 승계되는 임대차 관계의 구속을 면할 수 있고, 임대인과의 임대차 관계도 해지할 수 있다고 보아야 한다.

Q 보증금 200만 원, 월세 30만 원, 계약 기간 1년으로 살고 있는 세입자입니다. 한 달 후면 계약 기간이 종료되나, 아직 마땅한 집을 구하지 못해 3개월 정도만 더 살고 싶습니다. 임대차 계약은 반드시 1년 단위로 해야 되는 건가요?

A **계약 기간은 임차인이 자유로이 정할 수 있습니다.** 「주택임대차 보호법」 제정의 취지는 임대인에 비해 상대적으로 경제적 약자인 임차인을 보호하고 주거 안정을 도모하는 데 목적이 있으며, 임차인에게는 최소한 2년의 계약 기간을 보장해주고 있습니다. 따라서 반드시 1년으로 추가 계약을 해야 되는 것은 아니며, 임차인이 3개월의 추가 계약을 원할 경우 임대인은 이를 따라야 합니다.

» 「민법」 제4조(임대차 기간 등)

① 기간을 정하지 아니하거나 2년 미만으로 정한 임대차는 그 기간을 2년으로 본다. 다만 임차인은 2년 미만으로 정한 기간이 유효함을 주장할 수 있다.

» 「민법」 제6조의 2(묵시적 갱신의 경우 계약의 해지)

① 제6조 제1항에 따라 계약이 갱신된 경우 같은 조 제2항에도 불구하고 임차인은 언제든지 임대인에게 계약 해지를 통지할 수 있다.

Q 다가구주택의 투룸에 전세 5,000만 원, 계약 기간 1년으로 입주했는데 만기 후 마땅한 집을 찾지 못해 1년 더 거주할 생각입니다. 그러던 중 주변 전세 시세가 많이 올라 만기 후에는 보증금 1,000만 원을 더 올린다는 통보를 임대인에게 받았습니다. 당장 그런 큰돈을 마련할 형편이 안 되는데 만기가 되면 집을 비워줘야 하나요?

A **보증금의 5% 이내만 증액해주면 됩니다.** 임차인은 계약 기간을 1년으로 정했더라도 임차인의 의무를 이행한 경우에는 2년간 거주가 가능합니다. 또한 임대차 보증금은 입주 후 1년 이내에는 증액하지 못하며, 1년 계약 기간 만료 후 증액할 경우에는 보증금액의 5%를 초과하지 못합니다.

》「주택임대차보호법」 시행령 제8조(차임 등 증액 청구의 기준 등)

① 법 제7조에 따른 차임이나 보증금(이하 '차임 등'이라 한다.)의 증액 청구는 약정한 차임 등의 20분의 1의 금액을 초과하지 못한다.

② 제1항에 따른 증액 청구는 임대차 계약 또는 약정한 차임 등의 증액이 있은 후 1년 이내에는 하지 못한다.

Q 저는 신축 건물이 모여 있는 주택가에서 원룸 건물을 임대하고 있습니다. 얼마 전 젊은 아가씨가 월세를 시세보다 몇 만 원 더 준다고 해서 6개월 계약을 했습니다. 그런데 입주 후 한 달 정도 지나서 제가 임대해준 장소에서 윤락 영업 행위가 이루어져 조사 중이니 경찰서로 출두해달라는 통보를 받았습니다. 아직 만기가 많이 남아 있는데 즉시 계약 해지가 가능한가요?

A **네, 즉시 계약 해지가 가능합니다.** 임대인은 목적물을 임차인에게 인도하고 계약 존속 중 그 사용·수익에 필요한 상태를 유지하도록 할 의무를 갖습니다. 반대로 임차인도 계약 기간 중 임차주택을 '선량한 관리자의 주의 의무'를 다해 사용한 후 임대차 계약이 종료될 때 임대인에게 반환해야 합니다. 임차인으로서의 의무를 현저히 위반한 경우 임대인은 계약을 해지할 수 있습니다. 만약 임대인이 임차인의 불법 성매매 사실을 알면서도 이를 묵인하고 월세를 계속 받을 경우에는 임대인도 「성매매특별법」 위반으로 벌금형을 받을 수 있다는 판례가 있습니다.

>> **「성매매 알선 등 행위의 처벌에 관한 법률」(약칭: 성매매처벌법)**

제2조(정의)

2. '성매매 알선 등 행위'란 다음 각 목의 어느 하나에 해당하는 행위를 하는

것을 말한다.

가. 성매매를 알선, 권유, 유인 또는 강요하는 행위

나. 성매매의 장소를 제공하는 행위

다. 성매매에 제공되는 사실을 알면서 자금, 토지 또는 건물을 제공하는 행위

» 서울중앙지방법원 2017.09.07. 선고. 2017노2400 「성매매 알선 등 행위의 처벌에 관한 법률」 위반(성매매 알선 등) 판결 요지

건물주인 피고인이 임대 건물에서의 성매매업소 단속을 안 이상, 그 이후 임대 계약 해지, 철거 현장 확인 및 건물 인도 등의 조치를 적극적으로 하지 않은 채 매달 임대료를 계속 받은 경우 성매매 알선의 죄책을 진다. → 1심과 동일한 벌금 300만 원 선고. 또한 재판부는, 임차인과 임대인 사이 중간에 부동산 중개인이나 건물 관리인이 존재한다고 하여 임대인의 성매매 알선의 죄책 여부가 달라지지 않는다고 판단하였다.

TIP

주택가 신축 원룸이나 오피스텔을 임차하고 그 장소를 윤락 영업장소로 제공하는 사례들이 빈번합니다. 적발 시 임대인은 경찰서에 출두해 조사를 받아야 하며, 고의 또는 과실이 있을 경우 처벌 대상이 될 수도 있어 각별한 주의가 요구됩니다. 성매매가 이루어진다는 사실을 알면서 묵인하고 방치한 건물주도 처벌 대상입니다. 따라서 임대차 계약서 작성 시 특약사항에 "임차인은 임차한 건물에 대하여 계약에서 정한 고유한 목적(주거용)으로만 사용해야 하며, 주거용 이외의 타 용도로 사용 시 모든 민·형사상의 책임을 부담하기로 한다"라고 명기해야 합니다.

Q 저는 노인분이 건물주인 다가구주택에 입주하면서 계약서상에 보증금과 월세는 정했는데, 계약 기간은 따로 정하지 않았습니다. 이런 경우 저는 아무 때나 나갈 수 있는 건가요?

A **기간을 정하지 아니한 임대차 계약에 대하여 임차인은 최장 2년까지 거주할 수 있습니다.** 다만 임차인이 임차인으로서의 의무를 현저히 위반한 경우에는 해당되지 않습니다.

》「주택임대차보호법」 제4조(임대차 기간 등)

① 기간을 정하지 아니하거나 2년 미만으로 정한 임대차는 그 기간을 2년으로 본다. 다만 임차인은 2년 미만으로 정한 기간이 유효함을 주장할 수 있다.

Q 저는 회사 근처에서 원룸을 임차하여 주중(5일 정도)에는 직접 거주하고, 주말(2일 정도)에는 본가에서 거주하고 있습니다. 임대한 주택에 상시 거주하지 않아도 법의 적용을 받을 수 있나요?

A **네, 법의 보호를 받을 수 있습니다.** 「주택임대차보호법」에 따르

면 임차인이 주택의 인도(입주)와 주민등록을 마친(전입신고) 때에는 익일 0시부터 대항력이 발생하여 제3자에 대하여 효력이 미칩니다. 이 두 가지 공시 요건을 동시에 충족하여야만 대항력이 발생하며, 최우선변제권도 생깁니다. 만약 임차인이 임차주택에 계속 거주하면서 주민등록 전입신고를 하지 않았다든지, 주민등록은 마쳤는데 실제 거주는 다른 곳에서 한다든지 하면 대항력을 유지할 수 없습니다. 또 임차인이 전입신고와 확정일자는 받아놓았는데 실제 입주는 한 달 뒤에 한다면 두 가지 공시 요건을 동시에 충족하는 한 달 후에 대항력이 발생합니다. 여기서 입주라 함은 매일 거주하지는 않더라도, 사례자처럼 일주일에 이틀은 다른 곳에서 거주하더라도 5일 정도 거주하면 법의 적용을 받습니다. 다만 임차한 주택에서 일주일 중에 하루, 이틀만 거주하고 나머지는 다른 곳에서 거주한다면 주거주지(실제 사는 곳)로 인정받지 못할 수도 있음을 주의해야 합니다.

≫ 「주택임대차보호법」 제3조(대항력 등)

① 임대차는 그 등기(登記)가 없는 경우에도 임차인(賃借人)이 주택의 인도(引渡)와 주민등록을 마친 때에는 그 다음 날부터 제3자에 대하여 효력이 생긴다. 이 경우 전입신고를 한 때에 주민등록이 된 것으로 본다.

TIP 임차한 주택에 경매 등이 발생할 경우 후순위 채권자 등이 허위 임차인이라고 경매 배당 법원에 이의를 제기하는 경우도 있습니다. 임차인이 주로 생활하는 곳이 임차주택이 아닌 다른 곳인 것이 입증된다면 불측의 손해가 생길 수도 있으며, 실제 법원 판례도 있음을 주의해야 합니다.

Q 제가 살던 집의 만기가 얼마 안 남아 현재 다른 집을 알아보고 있는 중입니다. 다른 집을 계약하려면 보통 보증금의 10% 정도를 계약금으로 지급해야 돼서 임대인에게 보증금에서 10% 정도만 먼저 지급해줄 것을 요청했습니다. 그런데 보증금은 만기 때 한꺼번에 지급할 테니 계약금은 저보고 알아서 하라고 합니다. 이런 경우 임대인이 당연히 줘야 되는 거 아닌가요?

A **임대인이 계약금을 미리 반환해줄 의무는 없습니다.** 임대차가 종료되면 임차인은 주택을 임대인에게 반환해야 하며, 임대인은 이에 대한 반대급부로 임차인의 보증금을 반환해주어야 합니다. 이는 동시 이행하도록 규정하고 있습니다. 따라서 계약 만기가 도래하지도 않았는데 임대인이 보증금에서 일부를 임차인에게 반환해줄 의무는 없습니다.

TIP

임대인이 보증금의 약 10% 정도를 임차인에게 미리 내어주는 것은 계약 만기가 얼마 남지 않아 사회통념상 임차인에게 편의를 제공하는 것이지, 반드시 지급해주어야 할 의무는 없습니다.

Q 저는 원룸 건물에 전세로 거주하고 있는 직장인입니다. 개인적인 사정으로 거주는 계속하면서 일시적으로 주소를 이전했다가 전입신고를 다시 하려고 하는데 문제없을까요?

A **주소를 이전했던 기간 동안 불측의 손해를 볼 수 있어 신중을 기해야 합니다.** 임대차는 그 등기(登記)가 없는 경우에도 임차인이 주택의 인도(입주)와 주민등록을 마치면 그 다음 날 0시부터 제3자에게 대항할 수 있습니다. 거주하면서 주민등록을 유지해야 하는 것은 대항력을 유지하는 데 있어 필수사항입니다. 만약 임차인이 주민등록을 옮겼다가 다시 전입신고를 하면 주민등록을 이전했던 기간 동안에는 대항력을 상실합니다. 그 기간 중 다른 담보권자가 저당권 등을 설정했다면 불측의 손해를 볼 수 있는 바 신중을 기해야 할 것입니다.

Q 저희는 신혼부부인데, 다가구주택의 옥탑방에 월세로 거주 중입니다. 맞벌이 부부라서 낮에 집을 비운 사이 도둑이 들어 현금을 도난당했습니다. 일단 경찰에 신고는 했는데 만약 도둑도 못 잡고 현금도 회수하지 못하면 건물주가 배상해주어야 하는 것 아닌가요?

A 임대인이 임차인의 주거 안전이나 도난 방지까지 책임질 의무는 없습니다. 임대인은 임차인이 임대차 계약 존속 기간 중에 사용·수익하는 데 문제가 없도록 필요한 조치를 해주면 그만이지, 임대차 계약 존속 기간 중에 일어나는 도난 사고까지 책임져야 될 의무는 없습니다. 또한 대법원 판례에서 "임대 목적물은 임차인이 점유하면서 관리하게 되므로 임대인이 임차인의 안전이나 도난 방지 등의 보호 의무까지 부담한다고 볼 수 없다"라고 판시한 바도 있습니다.

» 대법원 1999.07.09. 선고 99다10004 판결 요지

통상의 임대차 관계에 있어서 임대인의 임차인에 대한 의무는 특별한 사정이 없는 한 단순히 임차인에게 임대 목적물을 제공하여 임차인으로 하여금 이를 사용·수익하게 함에 그치는 것이고, 더 나아가 임차인의 안전을 배려하여주거나 도난을 방지하는 등의 보호 의무까지 부담한다고 볼 수 없을 뿐만 아니라 임대인이 임차인에게 임대 목적물을 제공하여 그 의무를 이행한 경우 임대 목적물은 임차인의 지배 아래 놓이게 되어 그 이후에는 임차인의 관리하에 임대 목적물의 사용·수익이 이루어지는 것이다.

최단 존속 기간 산정 시점은 언제인가요? ▾ 🔍

Q 저희 부부는 2017년 1월 중순경에 투룸 월세를 1년으로 계약하고 입주했습니다. 계약 기간 만료 후에 자동연장 된 상태에서

이제 얼마 후면 2년이 다 되어갑니다. 그런데 얼마 전 임대인에게 전화가 와서 2019년 1월 만기 때 재계약을 안 할 테니 집을 비워달라는 통보를 받았습니다. 이 경우 자동연장 된 2018년 1월부터 계산하여 최단 존속 기간인 2년을 적용하면 2020년 1월까지 살 수 있는 것 아닌가요?

A 최단 존속 기간 산정은 최초 입주일부터 계산합니다. 「주택임대차보호법」은 임차인의 주거 안정을 도모하기 위하여 임대차 최단 존속 기간을 2년으로 규정하고 있습니다. 사례자의 경우 임대 기간을 1년으로 약정한 상태에서 묵시적 갱신이 되었으므로 추가 1년을 더 살 수 있습니다. 그러나 최단 존속 기간 2년은 최초 입주일부터 계산하여 2019년 1월 만료됩니다. 임차인의 주장처럼 3년(최초의 임대차 계약 기간 1년+묵시적 갱신 기간 2년)이라고 주장할 수는 없습니다. 다만 최초 입주할 때 임대차 계약 기간을 2년으로 약정한 상태에서 묵시적 갱신이 되었다면 임대차 기간은 2020년 1월이 되는 것입니다.

》 「주택임대차보호법」 제6조(계약의 갱신)

① 임대인이 임대차 기간이 끝나기 6개월 전부터 1개월 전까지의 기간에 임차인에게 갱신 거절(更新拒絶)의 통지를 하지 아니하거나 계약 조건을 변경하지 아니하면 갱신하지 아니한다는 뜻의 통지를 하지 아니한 경우에는 그 기간이 끝난 때에 전 임대차와 동일한 조건으로 다시 임대차한 것으로 본다. 임차인이 임대차 기간이 끝나기 1개월 전까지 통지하지 아니한 경우에도 또한 같다.

② 제1항의 경우 임대차의 존속 기간은 2년으로 본다.

» 대법원 1996.04.26. 선고 96다5551 판결 요지

① 「주택임대차보호법」의 취지에 비추어보면 임차인의 보호를 위하여 최소한 2년간의 임대차 기간을 보장하여주려는 규정이므로, 그 규정에 위반되는 당사자의 약정을 모두 무효라고 할 것은 아니고, 그 규정에 위반하는 약정이라도 임차인에게 불리하지 않은 것은 유효하다.

② 임차인이 「주택임대차보호법」의 적용을 배제하고 2년 미만으로 정한 임대차 기간의 만료를 주장할 수 있는 것은 임차인 스스로 그 약정 임대차 기간이 만료되어 임대차가 종료되었음을 이유로 그 종료에 터 잡은 임차 보증금 반환 채권 등의 권리를 행사하는 경우에 한정되고, 임차인이 2년 미만의 약정 임대차 기간이 만료되고 다시 임대차가 묵시적으로 갱신되었다는 이유로 「주택임대차보호법」 제6조 제1항, 제4조 제1항에 따른 새로운 2년간의 임대차의 존속을 주장하는 경우까지 같은 법이 보장하고 있는 기간보다 짧은 약정 임대차 기간을 주장할 수는 없다.

몇 개월째 월세를 안 내는 임차인을 내보낼 수는 없나요? ▾ 🔍

Q 저는 원룸 건물을 임대하고 있는 건물주입니다. 세입자 중 한 명이 수개월째 월세를 연체해서 남아 있는 보증금이 없는데도 불구하고 나가지도 않고 배 째라는 식으로 버티고 있습니다. 임대차 계

약서에 보면 "차임의 연체액이 2기에 달할 때에는 계약을 해지할 수 있다"는 조항이 있습니다. 이런 경우 가지고 있는 마스터키로 집에 들어가서 짐을 내놓고 임차인을 내보낼 수 있나요?

A **임차인의 주거지에 무단으로 침입하면 민·형사상 처벌을 받을 수 있습니다.** 임대차 계약서에 "차임의 연체액이 2기에 달할 때에는 계약을 해지할 수 있다"는 조항이 있다고 해서 임차인의 주거지에 무단으로 들어갈 수는 없습니다. 임차인이 나가지 않고 버티면 명도소송 등을 통하지 않고서는 내보낼 수 없는 것이 현실이며, 이것이 임대인의 가장 큰 고민입니다. 임대인이 임차인 주거지에 무단으로 들어가거나 가구 등을 밖으로 내놓으면 임차인이 악의를 품고 손해배상을 청구하거나 형사고소 등을 할 수 있습니다. 이 경우 임대인은 민·형사상 처벌(주거침입죄·재물손괴죄 등)을 받을 수 있습니다. 시간과 비용이 들더라도 명도소송을 통해 처리하는 것이 가장 안전한 방법입니다. 처리 절차는 아래와 같습니다.

① 내용증명을 발송해 계약이 해지되었음을 통보합니다. 2기 이상 연체되었는지 확인한 후 임차인에게 내용증명으로 계약 해지 통지서를 보냅니다.
② 점유 이전 금지 가처분 신청을 합니다. 현 임차인뿐만 아니라 점유자가 바뀌어 명도소송을 다시 진행해야 하는 상황이 있을 수 있기 때문에 부동산의 인도 및 명도 청구권을 보전하기 위해서 신청하는 것입니다.
③ 법원에 건물 명도소송 신청서를 제출합니다. 임대차 부동산 소재지를 관

할하는 법원에 제출합니다. 임대인이 명도소송에서 승소하면 판결문을 가지고 법원 집행관실에 위탁합니다. 그러면 집행관들이 임차인이 점유하는 소재지를 방문하여 내부 물건을 이동하는 절차를 진행합니다.

≫ 『민법』 제750조(불법 행위의 내용)

고의 또는 과실로 인한 위법 행위로 타인에게 손해를 가한 자는 그 손해를 배상할 책임이 있다.

≫ 『형법』 제366조(재물 손괴 등)

타인의 재물, 문서 또는 전자기록 등 특수매체 기록을 손괴 또는 은닉, 기타 방법으로 기효용을 해한 자는 3년 이하의 징역 또는 700만 원 이하의 벌금에 처한다.

TIP　임대인이 법원에 명도소송을 신청하면 판결과 집행까지 약 4~6개월 정도 소요되고, 사안에 따라 훨씬 길어질 수도 있습니다. 집행이 완료되기 전까지는 다른 사람한테 세도 놓을 수 없어 임대인의 손해는 눈덩이처럼 늘어만 갑니다. 따라서 그동안 못 받은 월세가 아깝더라도 임차인을 잘 설득해서 빨리 내보내는 것이 임대인으로서는 최선의 방법입니다.

| 월세가 밀렸다고 임대인이 막 들어와도 되나요? ▾ | 🔍 |

 저는 보증금 100만 원, 월세 30만 원, 계약 기간 1년으로 원룸에 사는 세입자입니다. 뚜렷한 직업 없이 공사판을 전전하다 보니,

몇 달째 일이 없어 4개월째 월세가 연체 중입니다. 월세가 연체됐다는 이유로 임대인이 시도 때도 없이 찾아와서 사생활 침해를 많이 받고 있는데 이래도 되는 건가요?

A 임대인은 임차인의 사생활 침해로 처벌받을 수 있습니다. 임차인이 몇 개월째 월세를 연체했다고 해서 임대인이 허락 없이 무단으로 집에 들어간다거나 밤낮을 가리지 않고 수시로 찾아가는 것은 문제가 될 수 있습니다. 주거는 개인의 사생활 장소이며, 헌법상 주거 불가침을 보장받습니다. 보호법익은 개인 주거의 평온입니다. 주거는 개인 사생활(私生活)의 본거로서 헌법상 주거의 불가침을 보장하고 있습니다(「헌법」 16조). '공포심이나 불안감을 유발해 사생활 또는 업무의 평온을 심하게 해치는 행위'는 금지하고 있습니다.

≫ 「대한민국 헌법」 제16조
모든 국민은 주거의 자유를 침해받지 아니한다. 주거에 대한 압수나 수색을 할 때에는 검사의 신청에 의하여 법관이 발부한 영장을 제시하여야 한다.

≫ 「형법」 제319조(주거 침입, 퇴거 불응)
① 사람의 주거, 관리하는 건조물, 선박이나 항공기 또는 점유하는 방실에 침입한 자는 3년 이하의 징역 또는 500만 원 이하의 벌금에 처한다.

보증금, 안전하게 지켜드릴게요!

은행 대출 많을 때 보증금 안전하게 지키는 방법이 있나요? ▾ 🔍

Q 다가구주택의 투룸에 전세로 입주하려고 하는데, 은행 근저당 금액이 건물 시세에 비해 과다하게 설정되어 있습니다. 건물 시세 대비 근저당 금액이 어느 정도면 안전하다고 할 수 있나요?

A **건물 시세 대비 부채 비율이 60%를 넘으면 입주에 신중을 기해야 합니다.** 경매 실행 시 아파트 낙찰가율은 평균 70% 이상입니다. 계약하기 전 등기사항전부증명서상의 근저당(통상 금융권 대출) 금액이 있는지 확인한 후에 채권 최고액과 내가 계약하려고 하는 보증금을 합산해봐야 합니다. 건물 시세 대비 부채 비율의 합계가 70%를 넘으면 전세금을 떼일 가능성이 높으므로 다른 대책을 세워야 합니다. 경

매 실행 시 다가구주택의 낙찰가율은 평균 60% 이상입니다. 다가구주택의 경우에는 보통 10가구 이상이 거주하기 때문에 선순위 임대차 보증금 총액과 근저당 채권 최고금액을 합산합니다. 건물 시세 대비 부채 비율의 합계가 60%를 넘으면 전세금을 떼일 가능성이 높으므로 다른 대책을 세워야 합니다.

TIP

계약 만기가 되어 보증금을 돌려받아야 하는데 다른 세입자를 구하지 못하거나 임대인의 신용이 악화되어 보증금 반환이 지체되는 경우가 종종 발생합니다. 이런 경우를 대비하여 임차인은 전세 보증금 반환보증에 가입하면 안전합니다. 예전에는 반환보증 상품에 가입하려면 임대인의 동의가 필요하고, 다가구주택의 경우 아파트에 비해 전세 보증금 반환보험의 보장 범위가 좁아 가입이 힘들었습니다. 하지만 2018년 2월부터는 임대인의 동의 없이 가입이 가능하고, 다가구주택의 경우 선순위 채권 비율도 60%에서 80%로 확대되었습니다.

보증금을 못 받았는데 경매 신청 방법 좀 알려주세요

Q 계약 기간이 만료되어 다른 집으로 이사를 가려고 하는데, 임대인이 보증금을 돌려주지 않고 차일피일 미루고만 있습니다. 경매 신청을 통해서 보증금을 돌려받고 싶습니다. 경매 신청은 어떻게 해야 하나요?

A **강제경매를 통해 임대인 소유의 부동산에 매각 절차를 진행할 수 있습니다.** 경매 신청의 유형에는 강제경매와 임의경매, 두

가지가 있습니다. 해당 주택을 담보로 금융권에서 대출을 해주고 근저당권을 설정해놓은 상태에서 채무자의 채무 불이행으로 신청하는 경매가 임의경매입니다. 강제경매는 임차권 등기, 임차주택에 대하여 보증금 반환 청구소송의 확정 판결이나 그 밖에 이에 준하는 집행권원(執行權原)에 따라 경매를 신청하는 경우입니다. 사례자는 강제경매를 신청하여 임대인 소유의 부동산을 압류한 다음, 매각 절차를 진행하여 그 매각대금을 가지고 임차 보증금을 회수하면 됩니다.

임대인이 보증금을 안 주네요? ▾ 🔍

Q 보증금 1억 원으로 전세를 살던 중 계약 기간이 종료되어 이사를 가려고 하는데, 임대인이 새로운 세입자가 들어오면 받아서 보증금을 돌려준다고 합니다. 이런 경우 임대인에게 보증금을 반환 받으려면 어떠한 조치를 취해야 하나요?

A **관할 법원에 주택 임차권 등기명령을 신청한 후에 강제집행이 가능합니다.** 임대차 계약 기간이 종료되면 임차인은 본인이 점유하고 있던 목적물의 인도 의무와 임대차 보증금을 반환 받을 권리, 임대인은 목적물을 반환 받을 권리와 임대차 보증금을 반환해줄 의무가 동시에 발생합니다. 따라서 계약 기간이 종료되었음에도 임대인의 사정으로 보증금을 내어주지 않는 것은 임대인의 의무를 저버리는 행위

라고 할 수 있습니다. 내용증명을 통해 임대인에게 일정한 상환 기일을 주고, 그때까지 약속을 지키지 않을 경우에는 관할 법원에 주택 임차권 등기명령을 신청하면 됩니다. 주택 임차권 등기명령 신청은 계약 기간이 만료됐거나 임대인과 합의 해지된 경우 가능합니다. 신청 후 완료까지는 약 2주가량이 소요됩니다. 또한 지급명령 신청도 가능합니다. 임차인이 지급명령을 신청하고 임대인이 2주 안에 이의 신청을 하지 않으면 지급명령에 대한 강제집행이 가능합니다. 강제집행이란 경매나 가압류를 말합니다. 만약 임대인이 이의 제기를 하면 전세 보증금 반환소송으로 넘어가서 정식 재판 절차로 들어갑니다.

🏠
TIP

미반환 보증금이 3,000만 원 이하이면 소액 심판이 가능하고, 그 이상이면 지급명령을 신청하면 됩니다. 하지만 소를 제기하는 것은 시간과 비용이 많이 소요되므로 가급적이면 임대인과 원만하게 해결하는 것이 가장 좋은 방법입니다. 혹은 정부에서 운영하는 전·월세 보증금 지원센터에 요청해 분쟁을 해결하는 방법도 있습니다.

보증금을 못 받았는데 주민등록을 옮겨도 되나요? ▼ 🔍

Q 거주하는 주택의 계약 기간이 만료되어 타 지역으로 이사하면서 주민등록을 옮기려고 합니다. 아직 보증금을 돌려받지 못했는데, 주민등록을 옮겨도 대항력을 유지할 수 있나요?

A 계약 기간 만료 후 보증금을 받지 않은 상태에서 주민등록을 옮겨버리면 임차인의 대항력을 상실하게 됩니다. 만약 건물 등에 경매가 진행된다면 최우선변제를 받을 수 없습니다. 주민등록을 옮기기 전에 건물에 대한 임차권 등기명령을 법원에 신청한 후 등기사항증명서에 등재된 것을 확인하고 이사해야 안전합니다.

» 「주택임대차보호법」 제3조의 3(임차권 등기명령)

⑤ 임차인은 임차권 등기명령의 집행에 따른 임차권 등기를 마치면 대항력과 우선변제권을 취득한다. 다만 임차인이 임차권 등기 이전에 이미 대항력이나 우선변제권을 취득한 경우에는 그 대항력이나 우선변제권은 그대로 유지되며, 임차권 등기 이후에는 대항 요건을 상실하더라도 이미 취득한 대항력이나 우선변제권을 상실하지 아니한다.

최우선변제에 해당되면 무조건 소액 보증금을 받을 수 있나요? ▾ 🔍

Q 제가 거주하고 있던 원룸이 경매에 들어가서 배당을 받으려고 합니다. 「주택임대차보호법」에 의한 최우선변제에 해당되면 무조건적으로 제1순위로 소액 보증금을 받게 되나요?

A **배당 순서에 따라 최우선변제금을 받습니다.** 부동산 경매에서 배당 순서는 가장 우선적으로 경매 집행 비용과 해당 물건에 사

용된 필요비와 유익비가 정산됩니다. 그 이후에 실질적인 배당이 이루어지며, 배당 순위는 아래와 같습니다(소액 보증금은 2순위에 해당).

» **0순위** 경매 진행 비용(집행 수수료, 우편 송달료, 인지세, 감정 평가 비용, 현황 조사 비용 등)

» **1순위** 필요비와 유익비(저당물의 제3자 취득자나 임차권자, 점유권자, 유치권자가 경매 대상 부동산의 보존·개량을 위해 지출한 금액)

» **2순위** 「주택(상가)임대차보호법」상 보증금 중 소액 임차 보증금(최우선변제), 최종 3개월 임금과 재해보상금, 최근 3년간 퇴직금 등 모두 동 순위로 배당금이 부족할 경우 안분배당

» **3순위** 당해세(당해 부동산에 부과된 상속세, 증여세, 종합부동산세 등)

» **유의사항** 「주택임대차보호법」에 따라 소액 임차인 최우선변제 금액은 확정일자를 받은 경우 소액 보증금 중 일정액을 초과하는 금액을 순위에 따라 변제 받게 되고, 소액 보증금 중 일정액의 합계가 주택 경매 가격의 2분의 1에 해당하는 금액의 한도에서 최우선변제가 가능하며, 2분의 1 초과 시에는 2분의 1 범위 내에서 비례에 의하여 배당함

임차권 등기 시 임대인의 동의를 받아야 하나요? ▼ 🔍

Q 임대차 계약 기간 만료 후 다른 곳으로 이사를 가려고 하는데, 임대인에게서 아직 전세 보증금을 돌려받지 못했습니다. 거주

하고 있던 집에 임차권 등기를 하려고 하는데, 임대인의 동의를 받아야
하는 건가요?

A 주택 임차권 등기는 임대인의 동의를 요하지 않습니다. 임대차
계약 기간이 만료된 후 보증금을 반환 받지 못했을 경우에는 임
대인의 동의 없이 임차인 단독으로 주택 임차권 등기가 가능합니다. 임
차권 등기는 보증금의 전부 또는 일부일 경우에도 설정이 가능합니다.

» 「주택임대차보호법」 제3조의 3(임차권 등기명령)

① 임대차가 끝난 후 보증금이 반환되지 아니한 경우 임차인은 임차주택의
  소재지를 관할하는 지방법원·지방법원지원 또는 시·군 법원에 임차권 등
  기명령을 신청할 수 있다.

TIP

주택 임차권 등기명령 신청만 하고 곧바로 주민등록을 옮기면 안 됩니다. 임차권
등기명령은 신청 직후 바로 효력이 발생하는 것이 아니고, 접수에서 등재까지 약
2주 정도의 기간이 소요됩니다. 반드시 임차권 등기가 등재된 것을 확인하고 이사
를 해야 합니다.

보증금을 증액할 경우 계약서 작성 요령 좀 알려주세요 ▼

Q 보증금 1억 원에 전세를 살고 있는 임차인입니다. 얼마 전 임대
인이 전화를 해서 주변 시세보다 저렴하니 보증금 3천만 원을

더 올리겠다고 해서 그렇게 해주기로 했습니다. 이럴 경우 임대차 계약서는 어떤 방식으로 작성하고, 주의할 점에는 무엇이 있나요?

A **증액의 경우 계약서 작성 방법은 두 가지가 있습니다.** 등기사항 전부증명서를 확인(대법원 인터넷등기소를 통해 확인 가능)하고 입주할 당시와 비교해서 신규 근저당 설정 금액이 있는지, 추가 근저당 설정 금액 등이 있는지를 먼저 확인해봐야 합니다. 추가된 금액에 대해서는 다음의 두 가지 방법으로 계약서를 작성하면 됩니다.

» **첫 번째 방법** 기존의 1억 원짜리 전세 계약서는 그대로 보관하고, 1억 3천만 원짜리 계약서를 새로 작성합니다. 새로운 계약서에 각자 날인하고 확정일자를 받습니다.

» **두 번째 방법** 기존의 1억 원짜리 전세 계약서는 그대로 보관하고, 추가로 증액한 3천만 원에 대한 계약서를 새로 작성하든지, 기존의 계약서에 추가 금액을 표기하여 각자 날인하고 확정일자를 받습니다.

TIP
임대인과 직접 계약서를 작성하기로 했다면 주변 부동산 중개업소에 문의해서 현재 살고 있는 집의 시세 등을 먼저 알아봐야 합니다. 그런 다음, 등기부상 근저당 금액과 선순위 임차 보증금 총액 등을 확인해서 안전한지 따져봐야 할 것입니다. 두 방법 모두 특약사항에 "XXXX년 XX월 XX일 3,000만 원의 보증금을 증액함"이라는 문구를 넣어야 합니다. 처음 계약 당시의 보증금은 그때 확정일자를 받은 날을 기준으로 보호받고, 새로 증액한 보증금은 새롭게 확정일자를 받은 날을 기준으로「주택임대차보호법」의 적용을 받습니다.

최우선변제권을 행사하기 위한 요건은 뭔가요? ▼ Q

Q 제가 살고 있는 아파트의 임대인이 경제적인 어려움을 겪고 있
어 주택이 경매로 넘어갔다는 소문이 있습니다. 만약 살던 집이
경매에 넘어가면 소액 임차인으로서 최우선변제권을 행사하기 위해서
는 어떤 요건을 갖추어야 하나요?

A **임차인은 주택의 인도 및 주민등록을 경매 신청 기입등기 전까
지 갖추고, 이를 배당 요구 종기일까지 계속 유지해야 합니다.**
만약 불가피하게 이사를 가야 할 경우에는 해당 법원 경매계에 주소 변
경 신고서를 제출해야 합니다.

경매에 들어가면 최우선변제금액을 얼마까지 받을 수 있나요? ▼ Q

Q 저는 전세 보증금 1억 원으로 서울 시내 변두리에 살고 있는 임
차인입니다. 임대인이 하던 사업이 어려워져 주택이 경매에 들
어간다는 소문이 있습니다. 이 경우 제가 받게 되는 최우선변제금액은
얼마인가요?

A **우선변제 받을 수 있는 임차인의 범위와 보증금 중 일정액
은 지역별로 차이가 있습니다.** 자세한 내용은 다음과 같습니

다. (2016.03.31.~ 현재, 상세한 사항은 부록 참조)

» 우선변제 받을 임차인의 범위(소액 보증금 적용 범위)

① 서울특별시: 1억 원

②「수도권정비계획법」에 따른 과밀억제권역(서울특별시는 제외): 8천만 원

③ 광역시(「수도권정비계획법」에 따른 과밀억제권역에 포함된 지역과 군 지역은 제외), 세종특별자치시, 안산시, 용인시, 김포시 및 광주시: 6천만 원

④ 그 밖의 지역: 5천만 원

» 보증금 중 일정액의 범위(받게 되는 소액 보증금)

① 서울특별시: 3,400만 원

②「수도권정비계획법」에 따른 과밀억제권역(서울특별시는 제외): 2,700만 원

③ 광역시(「수도권정비계획법」에 따른 과밀억제권역에 포함된 지역과 군 지역은 제외), 세종특별자치시, 안산시, 용인시, 김포시 및 광주시: 2천만 원

④ 그 밖의 지역: 1,700만 원

※ 임차인의 보증금 중 일정액이 주택 가액의 2분의 1을 초과하는 경우에는 주택 가액의 2분의 1에 해당하는 금액까지만 우선변제권이 있다.

※ 최우선변제금액은 선순위 저당권이 설정된 날을 기준으로 그 당시 정해진 금액으로 받게 됨에 주의

Q 저는 다가구주택 주인 세대에 전세 보증금 1억 원, 계약 기간 2년으로 입주하여 거주하고 있습니다. 집 주변에 개발호재들이 많아 임대인은 1년차인 올해 500만 원을 올리고, 계약 기간 만료 후 계속 거주할 거면 2,500만 원을 추가로 올려 총 1억 3천만 원으로 한다고 합니다. 보증금 인상률이 매년 5%를 초과하면 법적으로 위반 아닌가요?

A **임대료는 매년 5%를 초과하여 올릴 수 없다는 「주택임대차보호법」의 규정은 계약 기간에만 해당됩니다.** 2년 만기 후 재계약을 할 때에는 이 규정이 적용되지 않습니다. 따라서 만기 후 재계약 시 5%를 넘는 인상률에 임대인과 임차인이 합의하면 효력이 있습니다.

» 「주택임대차보호법」 시행령 제8조(차임 등 증액 청구의 기준 등)

① 법 제7조에 따른 차임이나 보증금(이하 '차임 등'이라 한다.)의 증액 청구는 약정한 차임 등의 20분의 1의 금액을 초과하지 못한다.

② 제1항에 따른 증액 청구는 임대차 계약 또는 약정한 차임 등의 증액이 있은 후 1년 이내에는 하지 못한다.

» 「주택임대차보호법」 제7조(차임 등의 증감 청구권)

당사자는 약정한 차임이나 보증금이 임차주택에 관한 조세, 공과금, 그 밖의 부담의 증감이나 경제 사정의 변동으로 인하여 적절하지 아니하게 된 때에는 장래에 대하여 그 증감을 청구할 수 있다. 다만 증액의 경우에는 대통령령으로 정하는 기준에 따른 비율을 초과하지 못한다.

》 대법원 1993. 12. 07. 선고 93다30532 판결 요지

「주택임대차보호법」 제7조의 규정은 임대차 계약의 존속 중 당사자 일방이 약정한 차임 등의 증감을 청구한 때에 한하여 적용되고, 임대차 계약이 종료된 후 재계약을 하거나 또는 임대차 계약 종료 전이라도 당사자의 합의로 차임 등이 증액된 경우에는 적용되지 않는다.

전입신고를 못했는데 경매에 들어가면 보증금은 어떻게 받나요? ▾ 🔍

Q 저는 보증금 300만 원, 월차임 40만 원, 계약 기간 1년으로 다가구 주택의 원룸에 입주해서 살고 있는 임차인입니다. 사정상 주민등록 전입신고를 못했는데 입주한 지 몇 개월 지나지 않아 살던 건물이 경매에 들어갔습니다. 이 경우 보증금을 받을 수 있는 방법은 없나요?

A **입주 후 전입신고를 갖추지 못했다면 최우선변제를 받을 수 없습니다.** 임대차 계약서 작성 후 임차인은 주택의 인도(입주)와 주민등록(전입신고)을 마쳐야 대항력이 발생합니다. 이 두 가지 중 하나라도 하지 않으면 소액 보증금 적용 범위에 해당하더라도 「주택임대차보호법」의 적용을 받을 수 없습니다.

TIP 법원에서 경매 개시 결정이 난 후 주택에 대한 감정 평가, 매각 결정, 매각 결정기일 지정, 낙찰 또는 유찰, 재경매 등의 과정을 거치려면 최소한 1년이라는 긴 시간이 소요될 수도 있습니다(물론 주택이 소재하고 있는 지역별, 개별 주택 사안별로 기간의 차이는 있을 수 있습니다). 따라서 대항력을 갖추지 못한 임차인은 경매가 진행되는 동안 월차임(월세)을 납부하지 말고 보증금이 다 소진될 때까지 거주하면 별다른 손해 없이 이사할 수 있습니다.

부모 명의로 계약하고 미성년자인 자녀가 입주해도 괜찮은가요? ▾ 🔍

Q 저희 딸은 미성년자로 고등학교 2학년에 재학 중입니다. 그동안 집에서 등하교를 시켰는데 힘이 들어 이제 졸업 때까지 1년 정도 학교 근처에 있는 원룸을 얻어주려고 합니다. 계약서의 명의는 부모 이름으로 하고, 실제 입주는 딸이 해도 법의 보호를 받을 수 있나요?

A 네, 「**주택임대차보호법**」의 보호를 받을 수 있습니다. 임대차 계약서는 부모님의 명의로 작성하고, 실제 거주는 자녀가 하면서 주민등록 전입신고만 갖춰놓으면 자녀분은 점유보조자로서 대항력을 취득할 수 있습니다.

≫ 「민법」 제195조(점유보조자)

가사상, 영업상, 기타 유사한 관계에 의하여 타인의 지시를 받아 물건에 대한 사실상의 지배를 하는 때에는 그 타인만을 점유자로 한다.

Q 안심해도 된다는 임대인의 말만 믿고 보증금 3,000만 원, 계약 기간 1년으로 가압류 등기가 된 집을 직거래로 계약했습니다. 그 후 가압류 채권자가 본안소송에서 승소 판결을 받아 경매 신청을 했습니다. 이 경우 제가 임차주택을 경락받은 사람에게 보증금을 돌려받을 수 있나요?

A **임차주택을 경락받은 사람에게 보증금을 돌려받을 수 없습니다.** 가압류는 소송 기간 동안 채무자가 재산을 도피, 은닉하지 못하도록 묶어두는 보전수단으로서 가압류 등기 후에 입주한 임차인은 경락인에게 대항할 수 없습니다. 다만「주택임대차보호법」상 최우선변제 대상이 될 경우 소액 보증금으로 먼저 배당받을 수 있으며, 못 받은 금액이 있다면 채권액에 비례하여 평등배당을 받을 수는 있습니다.

Q 계약서 작성 후 입주할 당시 임차주택에 다른 사람 명의로 소유권 이전 청구권 보전의 가등기가 되어 있었습니다. 가등기권자가 후에 본등기를 마치고서 집을 비워달라고 할 경우 보증금은 누구한테 청구해야 하나요?

A **보증금은 계약 체결 당시의 임대인에게 청구해야 합니다.** 소유
권 이전 청구권 보전의 가등기는 가등기권자가 승소 후 본등기
를 마치면 본등기의 효력이 가등기를 한 날짜로 소급해서 발생합니다.
따라서 사례자는 가등기 경료 시보다 나중에 대항요건을 갖춘 이상, 집
을 비워줘야 하고 임대 보증금은 계약 체결 당시의 임대인에게 청구해
야 합니다.

보증금을 감액했는데 법의 보호를 받을 수 있나요? ▼ 🔍

Q 다가구주택의 투룸에 전세 보증금을 지급하고 입주할 당시에는
보증금이 소액 임차인에 해당하지 않았습니다. 그 후 본인의 경
제적인 어려움으로 임대인에게 부탁하여 보증부월세(반전세)로 계약서
를 다시 작성했습니다. 이러한 경우 살고 있던 집이 경매에 들어가더라
도 소액 임차인으로서 보호받을 수 있나요?

A **네, 정당한 임차인이라면 법의 보호를 받을 수 있습니다.** 사례
자의 보증금 액수가 위와 같이 감액할 당시 살고 있던 집에 대하
여 경매 신청 기입등기가 경료되지 않았다면 소액 임차인으로서 보호
받을 수 있습니다. 다만 소액 임차인으로 배당을 받기 위해서 경매 신
청 기입등기 이후에 감액하였다면 소액 임차인으로서 보호받을 수 없
습니다.

Q 아파트 전세 보증금 2억 원, 계약 기간 2년으로 살고 있는 임차인입니다. 1년 정도 살다가 다른 지역의 아파트가 당첨되어 중간에 이사를 간다고 임대인에게 이야기했더니 새로운 임차인을 구해놓고 가라는 것이었습니다. 저는 당연히 제가 살던 금액으로 내놓고 나가라는 줄 알고 새로운 임차인과 같은 조건으로 계약서를 작성했습니다. 그런데 임대인이 제가 입주할 당시보다 보증금을 더 올린다고 하는 바람에 계약이 파기되었습니다. 제가 아직 계약 기간이 1년 정도 남아 있는데 임대인 맘대로 보증금을 올릴 수 있나요?

A **새로운 임차인에게 보증금을 올리는 것은 임대인 고유의 권한입니다.** 원칙적으로 임대인과 임차인은 임대차 계약의 내용을 준수해야 합니다. 즉, 임대인뿐만 아니라 임차인도 계약 기간을 준수할 의무가 있습니다. 다만 임차인이 계약 종료 만기 전에 나갈 경우 임차인은 임대인에게 새로운 임차 조건에 대한 동의를 구하고 나갈 수 있습니다. 즉, 새로운 임차인에게 보증금을 올려서 방을 새로 내놓는 것은 임대인의 고유 권한에 해당한다고 봐야 합니다.

Q 저는 서울 본사에서 근무하다가 지방에 있는 지사로 파견근무를 갈 예정입니다. 회사 근처에 있는 원룸을 알아보고 있는데, 정확히 얼마 동안 근무할지는 정하지 못해서 일단 3개월 정도로 단기계약을 하려고 합니다. 이런 경우에 법의 보호를 받을 수 있나요?

A **일시 사용을 위한 임대차가 아니라면 법의 보호를 받습니다.**
「주택임대차보호법」에는 "일시 사용을 위한 임대차임이 명백한 경우에는 적용하지 아니한다"는 조항이 있습니다. 이는 단순히 약정된 임대차 기간만을 기준으로 할 것이 아니라 그 밖의 계약 내용, 계약 동기, 보증금이 있는지 등을 종합적으로 고려하여 판단해야 할 것입니다.

》「주택임대차보호법」 제11조(일시 사용을 위한 임대차)
이 법은 일시 사용하기 위한 임대차임이 명백한 경우에는 적용하지 아니한다.

Q 저는 전세 보증금 5,000만 원, 계약 기간 1년으로 하는 임대차 계약을 체결하고, 사정상 입주할 때 4,000만 원을 먼저 지급했습니다. 입주 한 달 후 나머지 보증금 1,000만 원을 지급했는데 사는 집이 경매에

들어가면서 후순위 권리자가 배당 이의 신청을 했습니다. 임차 보증금 중 일부를 나중에 지급한 경우 최우선변제권 발생 시기는 언제부터인가요?

A 처음 입주한 시점부터 대항력이 발생합니다. 임차인이 임대인 과의 합의하에 보증금 중 일부를 나중에 지급했더라도 입주와 전입신고, 계약서상의 확정일자 등의 요건을 구비했다면 처음 입주할 당시부터 대항력이 발생합니다.

≫ 대법원 2017.08.29. 선고 2017다212194 판결 요지

「주택임대차보호법」은 임차인에게 우선변제권이 인정되기 위하여 대항요건과 임대차 계약증서상의 확정일자를 갖추는 것 외에 임차 보증금이 전액 지급되어 있을 것을 요구하지는 않는다. 따라서 임차인이 임대인에게 임차 보증금의 일부만을 지급하고 「주택임대차보호법」 제3조 제1항에서 정한 대항요건과 임대차 계약증서상의 확정일자를 갖춘 다음, 나머지 보증금을 지급했다고 하더라도 특별한 사정이 없는 한 대항요건과 확정일자를 갖춘 때를 기준으로 임차 보증금 전액에 대하여 후순위 권리자나 그 밖의 채권자보다 우선하여 변제를 받을 권리를 갖는다고 보아야 한다.

SECTION 4

수리비·공과금 및 중개 보수, 부담하지 마세요!

중개 보수 지급 시점은 언제인가요? ▼ 🔍

Q 저는 부동산 중개업자를 통해 투룸의 전세 계약을 하고 한 달 후 입주하려고 합니다. 부동산 중개업소에 지급하는 중개 보수는 계약서 작성 후 바로 지급해야 하나요?

A 당사자 간 약정에 따라 지급하면 됩니다. 중개 보수는 계약 당사자 (임대인·임차인) 쌍방이 각각 지급하며, 지급 시기는 상호 간 약정에 따르면 됩니다. 약정이 없을 때에는 잔금을 치른 후에 지급하면 됩니다.

≫ 「공인중개사법」 시행령 제27조의 2(중개 보수의 지급 시기)
법 제32조 제3항에 따른 중개 보수의 지급 시기는 개업공인중개사와 중개 의뢰인 간의 약정에 따르되, 약정이 없을 때에는 중개 대상물의 거래대금 지급이 완료된 날로 한다.

같은 방을 두 군데서 봤다면 양쪽 모두 중개 보수를 지급해야 하나요? ▼ 🔍

Q 원룸 월세를 구하려고 집 근처 부동산 중개업소 A를 통해 방을 몇 개 보고 찜해놓은 방이 있었습니다. 방을 구할 때에는 힘들어도 발품을 많이 팔아야 한다는 지인들의 말을 듣고 바로 옆에 있던 부동산 중개업소 B를 방문하여 그곳에서도 똑같은 방을 보게 되었습니다. B의 소장님이 A보다 친절하고 계약을 하면 중개 보수도 깎아준다는 말을 듣고 B와 임대차 계약서를 작성하였습니다. 계약 체결 후 A 앞을 지나가는데 그곳 소장님이 자신이 보여준 방을 다른 부동산에서 계약했으니 본인에게도 중개 보수를 지급해야 한다고 합니다. 이럴 경우 A부동산에도 중개 보수를 지급해야 하나요?

A 두 군데 부동산 중개업소에 중개 보수를 지급할 필요는 없습니다. 방을 구하려는 임차인은 계약 자유의 원칙상 어느 부동산 중개업자와 계약을 체결해도 문제될 것은 없습니다. A를 통해 봤던 방을 B나 C에서 계약한들 무방합니다. 다만 중개업자가 계약서 작성에 직접 관여하지 못한 경우에도 임차인의 계약 성사에 대해 A가 결정적인 기여를 했다면 사안에 따라 중개 보수를 지급해야 합니다.

» 「민법」 제686조(수임인의 보수 청구권)

③ 수임인이 위임사무를 처리하는 중에 수임인의 책임 없는 사유로 인하여 위임이 종료된 때에 수임인은 이미 처리한 사무의 비율에 따른 보수를 청구할 수 있다.

» 「상법」 제61조(상인의 보수 청구권)

상인이 그 영업 범위 내에서 타인을 위하여 행위를 한 때에는 이에 대하여 상당한 보수를 청구할 수 있다.

» 부산지법 2007.01.25. 선고 2005나10743 판결 요지

부동산 중개 행위는 중개업자가 중개 대상물에 대하여 거래 당사자 간의 매매·교환·임대차, 기타 권리의 득실·변경에 관한 행위를 알선하는 것으로서 원칙적으로 중개업자는 중개 대상물에 대한 계약서의 작성 업무 등 계약 체결까지 완료되어야 비로소 중개 의뢰인에게 중개 수수료를 청구할 수 있는 것이다. 다만 중개업자가 계약의 성립에 결정적인 역할을 하였음에도 중개 행위가 그의 책임 없는 사유로 중단되어 최종적인 계약서 작성 등에 관여하지 못하였다는 등의 특별한 사정이 있는 경우 「민법」 제686조 제3항, 「상법」 제61조의 규정 취지나 신의성실의 원칙 등에 비추어볼 때 그 중개업자는 중개 의뢰인에 의하여 이미 이루어진 중개 행위의 정도에 상응하는 중개 수수료를 청구할 권한이 있다.

Q 1년 계약으로 원룸에 살고 있다가 갑자기 타 지역으로 발령이 나서 중간에 이사를 가려고 합니다. 임대인에게 이야기했더니 부동산 중개 보수를 지급하고 나가라고 합니다. 저는 입주할 때 부동산 중개 보수를 지급하고 들어왔는데 나갈 때에도 저보고 부담하라고 하면 부당한 것 아닌가요?

A **중개 보수를 지급할 필요가 없습니다.** 임대차 계약 기간 도중에 임차인의 사정으로 이사를 나갈 경우 계약 당사자의 특약이 없는 한 부동산 중개 보수는 계약 당사자(임대인과 새로 들어오는 임차인)가 지급하라는 법원 판례와 국토교통부 유권 해석이 있습니다.

» 서울지방법원 1997. 11. 12. 선고 97가소 315820 판결 요지

임대인이 새 임차인과 임대차 계약을 맺으면서 지출한 중개료는 원고(현 임차인)가 부담하기로 하는 특별한 약정이 없는 한 임차인이 부담할 성질의 것이 아니므로 이를 공제한 것은 잘못이다. 임대인은 임차인이 약정한 임대차 기간이 종료되기 전에 계약 관계의 정산을 요구했기 때문에 중개 수수료를 부담해야 한다고 주장하나, 원고와의 정상적인 계약이 종료된 경우에도 피고는 어차피 새로운 임차인과 임대차 계약을 위하여 중개 수수료를 지출할 것이므로 위와 같은 사정만으로 중개 수수료를 원고가 부담해야 된다고 볼 수 없다.

» 법제처(안건번호 09-0384) 2009. 12. 24. 국토교통부 법령 해석 사례

「공인중개사의 업무 및 부동산 거래 신고에 관한 법률」 제32조 및 동법 시행 규칙 제20조의 규정에 따라 중개업자가 거래 계약을 체결할 경우 중개 의뢰 인 쌍방으로부터 일정 요율의 중개 수수료를 별도로 받도록 되어 있습니다. 즉, 중개 수수료 지불 주체는 거래 당사자로서 전 임차인이 될 수 없으나, 전 임차인이 임대인을 대신하여 중개 수수료를 지불하는 것은 임대인과 임차인 간 임대차 계약의 효력에 따른 당사자 간 사적 관계로 보아야 할 것입니다.

🏠
TIP
임대인은 계약이 종료될 때까지 보증금을 반환해줄 의무가 없으며, 계약 기간 중 임차인이 먼저 계약을 파기하고 나가는 것이므로 신의칙상 임차인이 부담하는 것 이 관례입니다. 이런 경우를 대비하여 계약서 작성 시 특약사항에 계약 기간 중간 에 나갈 경우 중개 보수를 누가 지급할 것인지 명기해야 분쟁을 막을 수 있습니다.

| 자동연장 된 상태에서 나갈 경우 중개 보수를 지급해야 하나요? ▾ | 🔍 |

Q 저는 원룸에서 거주하다가 1년 만기 후 자동갱신 된 상태에서
   다른 지역으로 이사를 가려고 합니다. 임대인이 부동산 중개 보
수를 저보고 내고 나가라는데, 이런 경우 제가 부담해야 하는 건가요?

A **지급할 필요가 없습니다.** 중개 보수는 임대차 계약의 당사자들
   이 부담합니다. 여기서 당사자들이라 함은 임대인과 임차인을
말합니다. 따라서 임대차 계약 기간이 만료된 경우와 묵시적 갱신(자동

연장)이 이루어진 경우 임차인은 중개 보수를 지급하고 나갈 필요가 없습니다. 임대인과 임차인이 중개 보수에 대한 별도의 특약을 정하지 않았다면 임대인이 부담하는 게 맞습니다.

TIP

"임대인이 새 임차인과 임대차 계약을 맺으면서 지출한 중개 보수는 임차인이 부담하기로 하는 특별한 약정이 없는 한, 임차인이 부담할 성질의 것이 아니므로 이를 공제한 것은 잘못이다"라는 판례가 있습니다. 묵시의 갱신 중인 임차인은 언제라도 해지 통보가 가능하고, 또 3개월 후에 해지의 효력이 발생하므로 계약의 당사자가 아닌 임차인은 중개 보수를 지급할 필요가 없습니다.

벽에 곰팡이도 피고, 이슬도 맺혔는데 도배 비용은 누가 내나요? ▾ 🔍

Q 제가 살고 있는 원룸은 지은 지 약 2년 정도 된 신축 건물입니다. 저희가 아기를 키우다 보니 추운 겨울에는 환기시키기가 곤란하고, 외풍이 심해 창틀에 문풍지를 붙이고 살고 있습니다. 거주하던 중 벽 한쪽 구석에 곰팡이와 이슬이 맺혀 있어 임대인에게 수리를 요청했더니 저희가 환기를 제대로 안 시켜서 발생한 일이므로 알아서 수리를 하라고 합니다. 이런 경우 임대인이 당연히 해주는 것 아닌가요?

A 곰팡이와 결로 현상(이슬 맺힘)의 원인을 파악한 후에 비용 부담의 주체를 정해야 합니다. 「민법」 제623조에서 임대인은 임대차 계약 존속 기간 중 그 사용·수익에 필요한 상태를 유지하게 할 의무를

부담하게 되어 있다고 명시하고 있습니다. 임차주택의 주요 설비에 대한 노후·불량 등은 임대인이 부담하는 것으로 되어 있으므로 건물의 부실 공사 등으로 인하여 외벽을 타고 물이 스며들어 그런 현상이 발생했다면 임대인이 하자 수리를 해줘야 합니다. 그러나 임차인의 고의·과실에 기한 파손이나 손상 등은 임차인 부담으로 하고 있습니다. 사례자가 거주하는 건물은 신축된 지 약 2년 정도밖에 경과하지 않았고, 곰팡이나 결로 현상 등은 실내 환기 등을 제대로 시키지 않았을 때에도 많이 발생합니다. 따라서 전문가를 불러 정확한 원인이 무엇인지 먼저 파악한 후에 임대인과 상의하여 상황에 따라 수리비를 분담해야 할 것입니다.

형광등을 교체했는데, 임대인한테 비용 청구 가능한가요? ▼ 🔍

Q 원룸 건물에서 월세로 거주하고 있는 여대생입니다. 얼마 전 형광등을 교체하고 임대인에게 비용 청구를 했더니 그런 사소한 것들은 저보고 알아서 고치라고 합니다. 거주하는 주택에 하자가 발생하면 임대인이 모두 다 수선해주는 것 아닌가요?

A 간단한 수선이나 소모품의 교체 비용은 임차인이 부담해야 합니다. 계약 존속 중 난방이나 상하수도, 전기시설 등 임차주택의 주요 설비에 대한 노후·불량으로 인한 수선은 「민법」 제623조 및 판례상 임대인이 부담하여야 하나, 임차인의 고의·과실에 의한 파손, 전

구 등 통상의 간단한 수선, 소모품 교체 비용 등은 판례 및 관습상 임차인이 부담해야 할 것으로 해석됩니다.

≫ 「민법」 제623조(임대인의 의무)

임대인은 목적물을 임차인에게 인도하고 계약 존속 중 그 사용·수익에 필요한 상태를 유지하게 할 의무를 부담한다.

≫ 대법원 1994.12.09. 선고 94다34692 판결 요지

임대차 계약에 있어서 임대인은 목적물의 계약 존속 중 그 사용·수익에 필요한 상태를 유지하게 할 의무를 부담하므로(「민법」 제623조), 목적물에 파손 또는 장해가 생긴 경우 그것이 임차인이 별 비용을 들이지 아니하고도 손쉽게 고칠 수 있을 정도의 사소한 것이어서 임차인의 사용·수익을 방해할 정도의 것이 아니라면 임대인은 수선 의무를 부담하지 않지만, 그것을 수선하지 아니하면 임차인이 계약에 의하여 정해진 목적에 따라 사용·수익할 수 없는 상태가 될 정도의 것이라면 임대인이 그 수선 의무를 부담한다. 이러한 임대인의 수선 의무는 특약에 의하여 이를 면제하거나 임차인의 부담으로 돌릴 수 있으나, 그러한 특약에서 수선 의무의 범위를 명시하고 있는 등의 특별한 사정이 없는 한 그러한 특약에 의하여 임대인이 수선 의무를 면하거나 임차인이 그 수선 의무를 부담하게 되는 것은 통상 생길 수 있는 파손의 수선 등 소규모의 수선에 한한다. 대·파손의 수리, 건물의 주요 구성 부분에 대한 대수선, 기본적 설비 부분의 교체 등과 같은 대규모의 수선은 이에 포함되지 아니하고, 여전히 임대인이 그 수선 의무를 부담한다고 해석함이 상당하다 할 것이다.

Q 제가 살고 있는 집이 지은 지 오래되어 여름만 되면 천장에서 빗물이 흘러내려 벽을 타고 내려오고 있습니다. 건물주가 연세 드신 노부부라 웬만한 것은 저희가 수선하여 거주할 목적으로 계약서 작성 당시 특약사항에 "임차인은 임대차 계약 기간 중 하자 발생 시 임대인에게 수선을 요청할 수 없다"라고 명기했습니다. 그런데 수리비가 생각보다 많이 나온 경우 임대인에게 비용 청구가 가능한가요?

A **건물의 주요 설비에 대한 수리비는 임대인이 부담해야 합니다.**

계약 당사자 쌍방(임대인·임차인)은 임차주택의 사용·관리·수선에 관하여 계약서 작성 당시 특약으로 서로 협의하여 구체적인 수선 의무의 범위나 부담 주체를 정할 수 있습니다. 그러나 임대인이 부담하여야 할 건물의 주요 설비 및 대규모의 수선까지 임차인이 모두 부담하기로 하는 특약은 여전히 임대인이 그 수선 의무를 부담해야 할 것입니다.

🏠
TIP

수리가 필요한 부분이 있다면 먼저 임대인에게 그 사실을 알리고 비용을 누가 부담할 것인지 정해야 합니다. 임대인이 수리 비용을 부담한다면 시공업자를 불러 견적을 받아본 후 수리를 해야 합니다. 집주인에게 하자에 대한 통보도 하지 않고 임차인이 임의대로 수리하면 서로 다툼만 발생하고 비용 청구를 하지 못할 수도 있습니다. 또한 원형을 많이 훼손한 경우라면 오히려 원상복구를 해야 하는 경우가 발생할 수도 있습니다.

※「민법」및 판례상 임대인과 임차인이 부담하는 범위

» **임대인** 임차주택의 주요 설비에 대한 노후·불량으로 인한 수선, 대·파손의 수리, 기본적 설비 부분의 교체, 천장에서 발생하는 누수 현상, 보일러 배관이 터진 경우, 보일러가 노후화되어 교체하거나 수선하는 경우, 수도관의 누수 현상이나 계량기 고장, 화장실의 중요 부분 하자, 전기 기본시설 및 누전차단기(두꺼비집) 교체·시공, 창문 등의 파손, 기타 목적물의 용도 및 비용 등을 종합적으로 고려하여 판단한다.

» **임차인** 임차인의 고의·과실에 기한 파손, 많은 비용을 들이지 않는 통상의 간단한 수선, 소모품 교체 비용, 임차인이 임대 목적물을 사용하는 데 있어서 지장이 없는 것들, 전등이나 형광등 교체, 문 잠금장치 건전지 교체, 임차인의 필요에 의한 도배, 수도꼭지 교체, 기타 목적물의 용도 및 비용 등을 종합적으로 고려하여 판단한다.

» **「민법」제634조(임차인의 통지 의무)**

임차물의 수리를 요하거나 임차물에 대하여 권리를 주장하는 자가 있는 때에 임차인은 지체 없이 임대인에게 이를 통지하여야 한다. 그러나 임대인이 이미 이를 안 때에는 그러하지 아니하다.

» **대법원 2012.03.29. 선고 2011다107405 판결 요지**

임대차 계약에 있어서 임대인은 임대차 목적물을 계약 존속 중 그 사용·수익에 필요한 상태를 유지하게 할 의무(이하 '임대인의 수선 의무'라고 한다.)를 부담한다(「민법」제623조). 그리하여 그 목적물에 파손 또는 장해가 생긴 경우에 그 것을 수선하지 아니하면 임차인이 계약에 의하여 정하여진 목적에 따라 사용·수익하는 것을 방해받을 정도의 것이라면 임대인은 그 수선 의무를 부담한다. 이와 같은 임대인의 수선 의무는 특별한 사정이 없는 한 임대차의 목적에 따른 용도대로 임차인으로 하여금 그 목적물을 사용·수익시키는 데 필요한 범위에서 인정되는 것으로서, 임대인의 수선 의무를 발생시키는 사용·수익의 방해에 해당하는지 여부는 구체적인 사안에 따라 목적물의 종류 및 용도, 파손 또는 장해의 규모와 부위, 이로 인하여 목적물의 사용·수익에 미치는 영향의 정도, 그 수선이 용이한지 여부와 이에 소요되는 비용, 임대차 계약 당시 목적물의 상태와 차임의 액수 등 제반 사정을 참작하여 사회통념에 의하여 판단하여야 할 것이다.

화장실 변기가 막혀 수리했는데 임대인에게 비용을 청구할 수 있나요? 🔍

Q 다가구주택에 계약 기간 2년으로 임대차 계약을 체결하고, 현재 전세로 거주하고 있는 임차인입니다. 얼마 전 화장실 변기에 이물질 등이 잔뜩 끼어 물이 내려가지 않아 혼자 수리할 수 없어서 업자를 불러 비용을 지불하였습니다. 이런 경우 비용을 임대인에게 청구할 수 있나요?

A **임차인의 과실에 의한 수리비 발생 비용은 임대인에게 청구할 수 없습니다.** 「민법」제623조에 따르면 임대인은 계약 존속 중

임차주택을 사용·수익에 필요한 상태로 유지해야 할 의무를 부담하나, 기타 임차인의 사용상의 부주의(고의·과실)로 인하여 발생된 문제라면 임대인에게 비용을 청구할 수 없습니다. 지금 거주하는 건물 자체에서 발생한 하자라면 임대인에게 비용을 청구할 수 있으나, 임차인의 과실이라면 사례자가 비용을 부담해야 합니다.

도배를 새로 하면 비용 부담은 누가 하나요?

Q 저는 임대차 계약 기간이 만료되어 얼마 전 퇴실을 했습니다. 그런데 임대인이 퇴실하는 당일, 집에 대한 하자 유무를 점검하겠다면서 찾아와서 벽지 상태를 보더니 담배 연기가 벽지에 배어 색깔이 변색되었고, 냄새 때문에 벽지를 새것으로 교체해야 된다고 합니다. 이런 경우 도배 비용을 제가 부담해야 하나요?

A **임차인이 부담해야 합니다.** 임차인이 거주하던 전용 부분의 하자가 임차인의 어떠한 과실이나 고의가 없었고, 단지 시간의 경과 등으로 인하여 벽지 색깔이 변색되었다면 임대인이 비용을 청구할 수 없습니다. 그러나 사례자의 경우에는 노후화 또는 구조적인 하자가 아니라 본인의 과실로 판단되어「민법」및 기타 관습상 비용 부담을 해야 될 것입니다.

Q 원룸 건물을 소유하고 있는 임대인입니다. 소액으로 보증금을 예치하고 거주하던 임차인이 월세와 공과금(전기·도시가스·수도요금 등)을 체납하고 야반도주했습니다. 이런 경우 세입자의 공과금을 제가 납부해야 하나요? 단기거주 하는 세입자라 명의 변경도 하지 않고 그냥 거주하고 있었습니다.

A **임차인으로 명의 변경을 하지 않았다면 임대인이 부담해야 합니다.** 전에 살던 세입자가 전기요금과 수도요금이 미납된 상태에서 연락이 끊겼다면 임대인이 대신 납부해야 합니다. 다만 도시가스요금에 대해서는 '도시가스 공급규정'에서 명의자에게 요금을 부과하고 있습니다. 그런데 거주하고 있던 임차인으로 명의 변경을 하지 않았다면 임대인이 부담해야 할 것으로 보입니다.

🏠
TIP 새로운 임차인이 입주하면 임대인은 공과금(전기·도시가스 요금)이 세입자에게 부과될 수 있도록 반드시 명의 변경을 해야 불측의 손해를 예방할 수 있습니다.

Q 저는 다가구주택의 원룸에 월세로 살고 있는데요, 건물이 노후화되어 수도관이 터졌을 경우 수리 비용은 누가 부담하나요?

A **건물의 주요 설비에 대한 수리 비용은 임대인이 부담합니다.** 임대차 계약에 있어서 임대인은 목적물을 계약 존속 중 그 사용·수익에 필요한 상태를 유지하게 할 의무를 부담하며, 다가구주택의 수도관은 임차주택의 주요 설비에 해당합니다. 주요 설비에 대한 노후화나 불량으로 인한 수선은 「민법」 제623조 및 판례상 임대인이 부담하는 것으로 해석됩니다.

겨울에 보일러가 고장 났는데 수리 비용은 누가 부담하나요? ▾ 🔍

Q 저희 노부부는 다가구주택의 원룸에서 기초생활 수급자로 어렵게 생활하고 있습니다. 겨울철에도 난방비나 기름을 아끼기 위해 보일러 전원을 끄거나 외출 기능으로 하는 경우가 많습니다. 올해는 유난히 추워 보일러가 동파되었는데, 이럴 경우 수리 비용을 임대인에게 청구할 수 있나요?

A **임차인의 과실에 의한 수리 비용은 본인이 부담해야 합니다.** 통상 보일러의 사용연수는 구입 후 6~7년으로 산정하고 있는 바, 사용연수가 경과하였다면 임대인이 비용을 부담해야 합니다. 다만 사용연수가 경과하지 않은 경우나 사례자의 고의 또는 과실로 보일러가 동파되었다면 임대인에게 비용을 청구하기는 힘들 것으로 보입니다.

Q 저희 부부는 자녀와 함께 다가구주택의 투룸에서 전세로 살고
있습니다. 평소 음식물 찌꺼기가 많이 배출되어 주방 배수관이
막혔고, 물이 역류하여 주방 마루 쪽으로 물이 차서 바닥 마루가 손상되
었습니다. 이런 경우 저희가 전부 책임을 져야 하나요?

A **임차인의 사용상 부주의에 의한 고장은 임대인이 책임지지 않
습니다.** 임차인이 거주하고 있는 전용 부분의 하자가 임차인의
어떠한 과실이나 고의 없이 단지 노후화 또는 구조적인 하자라면 임대
인이 수선을 해주어야 합니다. 다만 사례자의 경우처럼 임차인의 사용
상 부주의(고의나 과실)로 인해 비용이 발생했다면 거기에 대한 수리비
는 임차인이 부담해야 합니다.

Q 올해 대학에 입학하는 새내기 여학생입니다. 인터넷으로 방을
알아보다가 맘에 드는 방이 있어 계약하기로 했는데, 입주하려
는 원룸 건물에 방범창이 설치되어 있지 않아 많이 불안합니다. 임대인
에게 방범창 설치를 요청했더니 해줄 수 없다고 하는데, 이 정도는 임대
인이 의무적으로 설치해주는 것 아닌가요?

A **임대인이 반드시 방범창을 설치해줄 의무는 없습니다.** 임대인이 임차인에게 부담하는 사용·수익 의무를 어디까지로 정할 것인가는 법에 명문화되어 있지 않습니다. 임대인에 따라서 건물 입구나 주차장에 CCTV를 설치하기도 하고, 집 주변이 우범지역이라면 각 세대마다 방범창이나 기타 안전장치 등의 조치를 취하기도 합니다. 그러나 이러한 설비를 하지 않았다고 해서 임대차의 목적에 반한다고 할 수는 없습니다.

여성이나 노인 등의 사회적 약자층은 임대인의 동의를 얻어 일단 자비로 설치하고, 계약 기간 만료 시에 임대인에게 현 시세에 맞게끔 사라고 할 수는 있습니다. 사전에 임대인의 동의를 구하고 설치한 것이라면 임대인은 반드시 사야 할 의무가 있습니다. 이러한 사항은 나중에 분란의 소지를 없애기 위해서 계약서 특약사항에 반드시 명기해야 할 것입니다.

》「민법」 제646조(임차인의 부속물 매수 청구권)

① 건물, 기타 공작물의 임차인이 그 사용의 편익을 위하여 임대인의 동의를 얻어 이에 부속한 물건이 있는 때에는 임대차 종료 시에 임대인에 대하여 그 부속물의 매수를 청구할 수 있다.

② 임대인으로부터 매수한 부속물에 대하여도 전 항과 같다.

Q 제가 거주하고 있는 다가구주택은 지은 지 오래된 건물이라서 항상 화재 등에 대한 불안감을 안고 살고 있습니다. 만약 건물에 원인을 알 수 없는 불이 나서 제가 거주하고 있던 방이 전소되었다면 누가 책임을 져야 하나요?

A **화재의 원인에 대한 인과 관계에 따라 책임의 주체가 달라집니다.** 화재의 원인이 명확히 밝혀진다면 당연히 화재를 낸 주체가 배상을 해야겠지만, 원인 불명이라면 화재의 인과 관계를 살펴볼 필요가 있습니다. 건물에 대한 시설·관리 등의 책임은 일단 건물주에게 있으나, 만약 임차인의 고의·과실이나 화재 발생을 예견할 수 있는 특별한 사정이 있었는데도 불구하고 임대인에게 알리지 않아 발생한 사고라면 임차인이 손해배상책임을 부담해야 할 것입니다.

》 대법원 2017.05.18. 선고 2012다86895 전원합의체 판결 요지

임대차 목적물이 화재 등으로 인하여 소멸됨으로써 임차인의 목적물 반환 의무가 이행 불능이 된 경우에, 임차인은 이행 불능이 자기가 책임질 수 없는 사유로 인한 것이라는 증명을 다하지 못하면 목적물 반환 의무의 이행 불능으로 인한 손해를 배상할 책임을 지며, 화재 등의 구체적인 발생 원인이 밝혀지지 아니한 때에도 마찬가지다. 또한 이러한 법리는 임대차 종료 당시 임대차 목적물 반환 의무가 이행 불능 상태는 아니지만, 반환된 임차 건물이 화재로 인하여 훼손되었음을 이유로 손해배상을 구하는 경우에도 동일하게 적용된다. 한편 임대인은 목적물을 임차인에게 인도하고 임대차 계약 존속 중에 그 사용·수익에 필요한 상태를 유지하게 할 의무를 부담하므로(「민법」 제623조), 임대차 계약 존속 중에 발생한 화재가 임대인이 지배·관리하는 영역에 존재하는 하자로 인하여 발생한 것으로 추단된다면, 그 하자를 보수·제거하는 것은 임대차 목적물을 사용·수익하기에 필요한 상태로 유지하여야 하는 임대인의 의무에 속하며, 임차인이 하자를 미리 알았거나 알 수 있었다는 등의 특별한 사정이 없는 한 임대인은 화재로 인한 목적물 반환 의무의 이행 불능 등에 관한 손해배상책임을 임차인에게 물을 수 없다.

만기 2개월 전에 이사를 가도 임차인이 중개 보수를 줘야 하나요? ▼ 🔍

Q 1년 계약으로 원룸에서 살다가 사정이 생겨 계약 기간 만료 2개월 전에 이사를 하려고 합니다. 임대인은 제가 중간에 나가는 거니까 저에게 부동산 중개 보수를 지급하라고 합니다. 만기가 얼마 남지 않았는데 억울한 마음이 들어 문의드립니다. 이 경우 제가 중개 보수를 지급해야 하나요?

A **임차인이 지급하지 않아도 됩니다.** 임차인의 사정에 의해서 계약 기간 만료 전 중간에 나갈 경우 임차인이 부동산 중개 보수를 지급하는 것이 대부분입니다. 그러나 법원 판결은 "임차인이 만기 전

이사하면서 중개 보수를 지불한다는 특약이 없으면 계약 종료 2~3개월 전에 이사하는 경우에는 정상적인 계약 관계의 종료로 보아 임대인이 중개 보수를 지불해야 한다"고 판시하고 있습니다.

》 서울중앙지방법원 제9민사부 1998.07.01. 선고 98나55316 판결 요지

1년을 약정한 임차인이 잔여 기간 3개월을 남기고 나갈 경우에…, 임대인이 새로운 임차인과 임대차 계약을 맺으면서 지출한 중개 수수료는 임차인이 부담하기로 하는 특별한 약정이 없는 한 임차인이 부담할 성질의 것이 아니므로…, 임대인은 임차인이 약정한 임대차 기간이 종료되기 전에 계약 관계의 청산을 요구하였기 때문에 중개 수수료를 부담하여야 한다고 주장하나, 임차인과의 임대차 계약이 정상적으로 종료된 경우에도 임대인은 어차피 새로운 임차인과 임대차 계약 체결을 위하여 중개 수수료를 지불하여야 하므로 임차인이 중개 수수료를 부담하여야 한다고 볼 수 없다.

TIP

이러한 분쟁을 사전에 차단하기 위해서는 임대차 계약서 작성 시 특약사항으로 명확하게 명기하거나 상호 협의하여 잔여 개월 수만큼 월할 계산하는 것도 좋은 방법입니다.

"모든 하자는 임차인이 부담한다"는 특약은 효력이 있나요? ▾ 🔍

Q 제가 살고 있는 연립주택은 준공된 지 30년 된 노후화된 건물인데 보증금이 주변 시세보다 훨씬 저렴하여 입주하였습니다. 계

약서 특약사항에 "사는 동안 집에 하자가 발생하면 임차인이 알아서 고치며 살겠다"고 기재를 했습니다. 그런데 살다 보니 간단한 수선이나 소모품 교체부터, 난방기도 수시로 고장 나기 일쑤입니다. 최근에는 누전차단기(일명 두꺼비집)가 고장 나서 통째로 교체하는 비용도 많이 들었습니다. 계약서 특약사항에 명시되어 있다는 이유로 모든 하자 비용을 제가 부담해야 하나요?

A 특약사항에 있더라도 모든 비용을 임차인이 부담할 필요는 없습니다. 임차인에게 주변 시세보다 저렴하게 입주하는 대신에 살면서 고장 나는 부분은 알아서 고쳐 쓰라는 임대인들이 종종 있습니다. 판례에서는 임차인이 모든 비용을 부담하기로 하는 특약이 있더라도 임차주택의 주요 설비에 대한 수리비는 임대인이 부담하는 것으로 해석하고 있습니다.

» 대법원 1994. 12. 09. 선고 94다34708 판결 요지

임대인의 수선 의무는 특약에 의하여 이를 면제하거나 임차인의 부담으로 돌릴 수 있으나, 그러한 특약에서 수선 의무의 범위를 명시하고 있는 등 특별한 사정이 없는 한 그러한 특약에 의하여 임대인이 수선 의무를 면하거나 임차인이 그 수선 의무를 부담하게 되는 것은 통상 생길 수 있는 파손의 수선 등 소규모의 수선에 한한다. 대·파손의 수리, 건물의 주요 구성 부분에 대한 대수선, 기본적 설비 부분의 교체 등과 같은 대규모의 수선은 이에 포함되지 아니하고, 여전히 임대인이 그 수선 의무를 부담한다고 해석함이 상당하다.

Q 저는 세종시에서 보증금 1억 원, 월차임 1천만 원, 계약 기간 2년
으로 하는 건물을 임차했습니다. 계약서 작성 당시 가구 판매
및 전시장으로 사용한다는 말을 하고 입주했습니다. 그런데 입주한 지
얼마 되지 않아 바닥에 습기 등의 현상이 심하여 전시하던 가구 등에 손
상이 발생했습니다. 그동안 임대인에게 습기 등의 현상을 해결해줄 것
을 수차례 요청했는데 알아서 고쳐 쓰라는 답변만 돌아왔습니다. 이 경
우 임대인을 상대로 손해배상을 청구할 수 있나요?

A 임대인은 계약 존속 중 그 사용·수익에 필요한 상태를 유지하게
할 의무가 있습니다. 임대인은 임대차 계약 당시 임차인이 목적
물을 가구 판매 및 전시장으로 사용할 것을 알고 있었으므로 사전에 습
기 등의 현상이 발생하지 않도록 조치해줄 의무가 있습니다. 그럼에도
이를 방치하여 발생한 손해인 바, 임대인을 상대로 손해배상을 청구할
수 있습니다.

》 대법원 2012.06.14. 선고 2010다89876,89883 판결 요지

임대차 계약에 있어서 임대인은 목적물을 계약 존속 중 그 사용·수익에 필요
한 상태로 유지하게 할 의무를 부담하므로, 목적물에 파손 또는 장해가 생긴
경우 그것이 임차인이 별 비용을 들이지 아니하고도 손쉽게 고칠 수 있을 정
도의 사소한 것이어서 임차인의 사용·수익을 방해할 정도의 것이 아니라면

임대인은 수선 의무를 부담하지 않는다. 하지만 그것을 수선하지 아니하면 임차인이 계약에 의해 정해진 목적에 따라 사용·수익할 수 없는 상태가 될 정도의 것이라면 임대인은 그 수선 의무를 부담한다.

이 사건 건물에는 바닥 및 단열과 방습 조치가 되어 있지 아니한 하자가 있고, 이로 인해 결로 현상이나 습기가 발생할 수밖에 없고, 임대차 계약의 체결 당시부터 임대인은 임차인이 목적물에 대해 가구를 전시·판매하는 전시장으로 임차한 것을 알고 있었으므로 임대인은 그 사용·수익을 할 수 있는 상태를 유지해줄 책임이 있으며, 임대차 계약 후 임차인이 수차례에 걸쳐 바닥에 발생하는 습기 문제를 해결해줄 것을 요구하였으므로, 임대인은 습기 발생의 원인이 무엇인지 조사하고 이를 제거하기 위해 제습기 또는 공조시설 등을 설치해주거나, 바닥의 물기가 심하여 바닥 공사를 해야 하는 상황이라면 가구들을 모두 옮기게 한 후 공사를 해주는 등의 조치를 취했어야 했다.

SECTION 5

보증금 반환, 걱정하지 마세요!

원상복구 범위는 어디까지인가요? ▼ Q

Q 저는 얼마 전 부동산 중개업자를 통해 원룸 전세를 계약하고 입주했습니다. 계약서 특약사항에 "임차인은 계약 종료 후 퇴실 시 입주 당시 상태를 유지하며 원상복구 하기로 한다"는 문구가 있는데, 원상복구라는 게 어느 범위까지를 이야기하는 건가요?

A 임차인이 입주할 당시의 상태를 말합니다. 그렇다고 해서 그 범위가 임대차 계약 당시 상태 '100% 그대로'를 의미하는 것은 아닙니다. 임차인이 선량한 관리자의 의무를 다했고, 용도에 정해진 대로 사용하다 반환했을 경우 원상복구 했다고 인정됩니다. 일반적으로 임차인의 관리상 부주의가 명백한 경우에는 임차인이 부담하고, 시간의

경과에 따라 자연적으로 소모되거나 더러워진 것은 원상복구 범위가 아닙니다. 계약 기간 중 손상된 시설이나 설비 등의 비용은 임차인이 부담하고, 계약 기간 종료 후 원상복구를 하지 않기로 하는 쌍방 합의는 유효합니다.

» 임차인이 원상복구 하지 않아도 되는 경우 통상적 사용에 의한 못 자국, 일상적인 생활 속에서 장판이나 마루가 긁힌 경우, 시간의 경과에 따른 자연스러운 벽지의 변색 등이 해당됩니다.

» 임차인이 원상복구 해야 하는 경우 임차인의 과실이나 부주의로 목적물에 대한 가치를 현저히 떨어뜨릴 만한 행위를 한 경우, 깨끗한 벽지 위에 임대인과 상의 없이 많은 못질을 한 경우, 이사 시 부주의로 도배나 장판이 심히 손상된 경우, 애완동물 사육이나 흡연 등으로 인한 도배 손상 및 변색 등이 해당됩니다.

» 「민법」 제374조(특정물 인도 채무자의 선관 의무)
특정물의 인도가 채권의 목적인 때에 채무자는 그 물건을 인도하기까지 선량한 관리자의 주의로 보존하여야 한다.

» 「민법」 제610조(차주의 사용, 수익권)
① 차주는 계약 또는 그 목적물의 성질에 의하여 정하여진 용법으로 이를 사용·수익하여야 한다.

» 「민법」 제615조(차주의 원상회복 의무와 철거권)

차주가 차용물을 반환하는 때에는 이를 원상에 회복하여야 한다. 이에 부속시킨 물건은 철거할 수 있다.

» 서울중앙지법 2007.05.31. 선고 2005가합100279, 2006가합62053 판결 요지

① 임대차 계약 시 임대인의 수선 의무와 임차인의 차임 지급 의무: 임대차 계약에 있어서 임차인이 목적물을 임대차 본래의 목적에 맞게 사용·수익하게 할 임대인의 의무는 임차인의 차임 지급 의무와 상호 대등관계에 있다. 따라서 임대인이 목적물에 대한 수선 의무를 불이행하여 임차인이 목적물을 전혀 사용할 수 없는 경우 임차인은 차임 전부의 지급을 거절할 수 있다.

② 임대차에서 생기는 통상의 손모에 관하여 원상회복 비용을 부담하는 자(특약이 없는 한 임대인) 및 위 원상회복 의무를 임차인에게 부담시키기 위한 요건: 임차인은 임대차 계약이 종료된 경우 임차 목적물을 원상에 회복하여 임대인에게 반환할 의무가 있는데, 원상으로 회복한다고 함은 사회통념상 통상적인 방법으로 사용·수익을 하여 그렇게 된 상태라면 사용을 개시할 당시의 상태보다 나빠지더라도 그대로 반환하면 무방하다는 것으로, 임차인이 통상적인 사용을 한 후에 생기는 임차 목적물의 상태 악화나 가치의 감소를 의미하는 통상의 손모에 관하여는 임차인의 귀책사유가 없으므로 그 원상회복 비용은 채권법의 일반원칙에 비추어 특약이 없는 한 임대인이 부담한다고 해야 한다.

즉, 임대차 계약은 임차인에 의한 임차 목적물의 사용과 그 대가로서 임료의 지급을 내용으로 하는 것이고, 임차 목적물의 손모 발생은 임대차라고 하는 계약의 본질상 당연하게 예정되어 있다.

이와 같은 이유로 건물의 임대차에서는 임차인이 사회통념상 통상적으로 사용한 경우에 생기는 임차 목적물의 상태가 나빠지거나 또는 가치 감소를 의미하는 통상적인 손모에 관한 투하자본의 감가는 일반적으로 임대인이 감가상각비나 수선비 등의 필요경비 상당을 임료에 포함시켜 이를 지급받음으로써 회수하고 있다.

따라서 건물의 임차인에게 건물 임대차에서 생기는 통상의 손모에 관해 원상회복 의무를 부담시키는 것은 임차인에게 예상하지 않은 특별한 부담을 지우는 것이 되므로 임차인에게 그와 같은 원상회복 의무를 부담시키기 위해서는 적어도 임차인이 원상회복을 위해 그 보수 비용을 부담하게 되는 손모의 범위가 임대차 계약서의 조항 자체에서 구체적으로 명시되어 있거나 그렇지 아니하고 임대차 계약서에서 분명하지 않은 경우에는 임대인이 말로써 임차인에게 설명하여 임차인이 그 취지를 분명하게 인식하고 그것을 합의의 내용으로 하였다고 인정되는 등 그와 같은 취지의 특약이 명확하게 합의되어 있어야 할 필요가 있다고 해석함이 상당하다.

TIP

임차인의 퇴실 시 원상복구 범위를 놓고 임대인과 임차인 상호 간에 분쟁이 생기는 것을 자주 목격합니다. 종종 임차인이 이삿짐을 다 내놓고 나서 임대인이 살펴보니 도배·장판이 못 쓰게 되었다며 보증금에서 공제하겠다는 임대인과 줄 수 없다는 임차인 간에 실랑이가 벌어집니다. 판례는 이에 대해 임차인의 고의·과실이 아닌, 일상적으로 사용하다 생긴 손모 등에 대해서는 원상회복 의무가 없다고 합니다. 분쟁을 줄이는 가장 좋은 방법은 계약서 특약사항에 원상복구에 대한 사항을 자세히 명기하는 것입니다. 또한 임차인은 입주하기 전 상태를 꼼꼼히 확인해 보고, 사진 촬영 등의 방법으로 증거를 남겨야 합니다.

계약서에 없는 내용을 보증금에서 일방적으로 차감할 수 있나요? ▾ Q

Q 원룸 계약 기간이 만료되어 짐을 옮긴 후 임대인에게 보증금 반환을 요청했습니다. 그런데 임대인이 보증금 반환 시 계약서에 명시되어 있지 않은 사항에 대해 비용 청구를 했습니다. 계약서에 명기되지 않은 사항에 대해 임대인 맘대로 보증금에서 공제할 수 있나요?

A **임차인과 합의되지 않은 비용을 임의대로 공제할 수는 없습니다.** 계약 기간 만료 후 임대인이 비용이라는 명목으로 보증금에서 일방적으로 공제하는 것은 신의칙에 반하는 일로 부당한 공제에 해당합니다.

보증금을 먼저 받고 이사 가야 하는 것 아닌가요? ▾ Q

Q 제가 거주하고 있던 주택의 임대차 기간이 만료되어 임대인에게 보증금 반환을 요청하자 제 짐을 먼저 빼라고 합니다. 제가 보증금을 먼저 받고 이삿짐을 빼야 되는 것 아닌가요?

A **임차인이 먼저 짐을 빼야 합니다.** 임대차 계약 기간이 종료되면 임대인의 임대차 보증금 반환 의무와 임차인의 목적물 반환 의무는 동시 이행 관계입니다. 임대인은 임차인에게서 수수한 보증금에

서 미납된 월차임, 목적물에서 손상된 비용 등을 공제하고 나머지를 돌려주게 됩니다. 따라서 임차인이 목적물을 먼저 임대인에게 반환해주어야 합니다.

≫ 대법원 2005.09.28. 선고 2005다 8323 판결 요지

임대차 계약에 있어 임대차 보증금은 임대차 계약 종료 후 목적물을 임대인에게 명도할 때까지 발생하는, 임대차에 따른 임차인의 모든 채무를 담보하는 것으로서 그 피담보 채무 상당액은 임대차 관계의 종료 후 목적물이 반환될 때에 특별한 사정이 없는 한 별도의 의사 표시 없이 보증금에서 당연히 공제되는 것이므로 임대인은 임대차 보증금에서 그 피담보 채무를 공제한 나머지만을 임차인에게 반환할 의무가 있다.

자동연장 된 경우 임차인은 언제라도 나갈 수 있나요? ▼ Q

Q 제가 거주하고 있는 주택의 계약 기간이 만료(1년)되어 자동연장 되었다면 저는 언제든지 이사를 가면서 보증금을 돌려받을 수 있나요?

A **임대인에게 계약 해지 통보를 하고 나서 3개월 후에 효력이 발생합니다.** 계약이 묵시적으로 갱신(자동연장)된 경우 임차인은 언제든지 임대인에게 계약 해지를 통지할 수 있습니다. 그러나 임대인

이 임대차 보증금을 곧바로 반환해주어야 할 의무는 없고, 통지 받은 날로부터 3개월 후에 보증금을 돌려줄 수 있습니다.

≫ 「주택임대차보호법」제6조의 2(묵시적 갱신의 경우 계약의 해지)

① 제6조 제1항에 따라 계약이 갱신된 경우 같은 조 제2항에도 불구하고 임차인은 언제든지 임대인에게 계약 해지(契約解止)를 통지할 수 있다.

② 제1항에 따른 해지는 임대인이 그 통지를 받은 날부터 3개월이 지나면 그 효력이 발생한다.

만기가 되면 임대차 계약은 어떻게 되나요?

Q 계약 기간 1년으로 입주한 집의 만기일이 며칠 전에 지났습니다. 이런 경우 저의 임대차 계약은 어떻게 되나요?

A **묵시적 갱신의 경우 동일한 조건으로 자동연장 됩니다.** 계약 당사자가 계약 기간이 만료될 때까지 계약의 연장이나 종료에 대해서 아무 말이 없었다면 전 임대차와 동일한 조건으로 자동연장 되었다고 보면 됩니다.

≫ 「주택임대차보호법」제6조(계약의 갱신)

① 임대인이 임대차 기간이 끝나기 6개월 전부터 1개월 전까지의 기간에 임

차인에게 갱신 거절(更新拒絶)의 통지를 하지 아니하거나 계약 조건을 변경하지 아니하면 갱신하지 아니한다는 뜻의 통지를 하지 아니한 경우에는 그 기간이 끝난 때에 전 임대차와 동일한 조건으로 다시 임대차한 것으로 본다. 임차인이 임대차 기간이 끝나기 1개월 전까지 통지하지 아니한 경우에도 또한 같다.

② 제1항의 경우 임대차의 존속 기간은 2년으로 본다.

임차인이 사망하면 동거 중인 사람에게 보증금을 줘야 하나요? ▾ 🔍

Q 저는 조그마한 다가구주택 건물을 소유하고 있는 임대인입니다. 세입자 부부가 거주하던 중 얼마 전 임대차 계약서를 작성한 임차인이 사망했습니다. 둘의 관계가 정식 부부가 아닌 동거를 하는 관계로 보입니다. 이 경우 같이 동거하던 배우자에게 임대차 보증금을 반환해줘야 하나요?

A **사안에 따라 반환해줄 대상이 달라집니다.** 법률혼 관계가 아닌 사실상의 혼인 관계에 있던 자와 함께 거주하던 임차인이 사망한 경우 다음의 세 가지 사례로 구분하여 말씀드리겠습니다.

① 임차인이 상속인 없이 사망한 경우에는 함께 거주하던 사실혼 관계의 자가 보증금을 승계합니다.

② 임차인, 사실혼 관계의 자, 상속권자가 함께 가정공동생활을 하다가 임차인이 사망한 경우에는 「민법」상의 상속 규정에 따라 상속권자만 승계합니다.

③ 임차인이 사망할 당시 사실혼 관계의 자와 함께 가정공동생활을 하고 있었으나 상속권자는 같이 생활하지 않은 경우에는, 그 주택에서 가정공동생활을 하던 사실혼 관계의 자와 상속권자 중 2촌 이내의 친족이 공동으로 임차인의 권리와 의무를 승계합니다.

≫ 「주택임대차보호법」 제9조(주택 임차권의 승계)

① 임차인이 상속인 없이 사망한 경우에는 그 주택에서 가정공동생활을 하던 사실상의 혼인 관계에 있는 자가 임차인의 권리와 의무를 승계한다.

② 임차인이 사망한 당시 상속인이 그 주택에서 가정공동생활을 하고 있지 아니한 경우에는 그 주택에서 가정공동생활을 하던 사실상의 혼인 관계에 있는 자와 2촌 이내의 친족이 공동으로 임차인의 권리와 의무를 승계한다.

③ 제1항과 제2항의 경우에 임차인이 사망한 후 1개월 이내에 임대인에게 제1항과 제2항에 따른 승계 대상자가 반대 의사를 표시한 경우에는 그러하지 아니하다.

④ 제1항과 제2항의 경우에 임대차 관계에서 생긴 채권·채무는 임차인의 권리 의무를 승계한 자에게 귀속된다.

Q 원룸 전셋집을 구하는 초보 직장인입니다. 부동산 중개업소를
통해 계약서를 작성하고 교부해준 공제증서를 보니 협회공제보
험금으로 1억 원까지 손해배상책임을 보증한다고 되어 있습니다. 만약
사는 집에 문제가 생기면 조건 없이 협회에서 1억 원까지 보상을 해준
다는 의미인가요?

A **개업공인중개사의 고의 또는 과실이 있을 경우 보상을 받을 수
있습니다.** 부동산 중개업소에서 교부해준 공인중개사협회 공제
증서가 있으면 임차인의 보증금에 문제가 발생했을 시 무조건 1억 원까
지 책임진다는 의미는 아닙니다. 부동산 중개업소에서 계약 체결 당시
하자가 있는 물건을 소개해서 문제가 발생했다든지, 개업공인중개사가
중개 의뢰인에 대해 적절한 확인·설명의 의무를 다하지 못한 경우 손해
배상을 청구할 수 있습니다. 임차인이 손해를 입은 사실이 있다면 소송
을 통해 확정 판결을 받아 공인중개사협회에 청구하면 됩니다.

》「공인중개사법」 제25조(중개 대상물의 확인·설명)

① 개업공인중개사는 중개를 의뢰받은 경우 중개가 완성되기 전에 다음 각
    호의 사항을 확인하여 이를 당해 중개 대상물에 관한 권리를 취득하고자
    하는 중개 의뢰인에게 성실·정확하게 설명하고, 토지대장 등본 또는 부동
    산 종합증명서, 등기사항 증명서 등 설명의 근거자료를 제시하여야 한다.

» 「공인중개사법」 제30조(손해배상책임의 보장)

① 개업공인중개사는 중개 행위를 함에 있어서 고의 또는 과실로 인하여 거래 당사자에게 재산상의 손해를 발생하게 한 때에 그 손해를 배상할 책임이 있다.

» 「공인중개사법」 시행령 제24조(손해배상책임의 보장)

① 개업공인중개사는 법 제30조 제3항에 따라 다음 각 호에 해당하는 금액을 보장하는 보증보험 또는 공제에 가입하거나 공탁을 하여야 한다.

2. 법인이 아닌 개업공인중개사: 1억 원 이상

» 「공인중개사법」 시행령 제26조(보증보험금의 지급 등)

① 중개 의뢰인이 손해배상금으로 보증보험금·공제금 또는 공탁금을 지급받고자 하는 경우에는 그 중개 의뢰인과 개업공인중개사 간의 손해배상합의서, 화해조서 또는 확정된 법원의 판결문 사본, 그 밖에 이에 준하는 효력이 있는 서류를 첨부하여 보증기관에 손해배상금의 지급을 청구하여야 한다.

» 「민법」 제396조(과실상계)

채무 불이행에 관하여 채권자에게 과실이 있는 때에 법원은 손해배상의 책임 및 그 금액을 정함에 이를 참작하여야 한다.

Q 부동산 중개업소를 통해 임대차 계약을 체결하고 거주하던 중 집이 경매에 들어가 보증금 중 일부를 받지 못했습니다. 개업공인중개사에게 손해배상을 청구하려고 보니 부동산에서 교부해준 협회 공제증서의 유효기간이 지났습니다. 공제증서의 유효기간이 경과한 후에도 손해배상을 청구할 수 있나요?

A **공제사고 발생일로부터 2년이 경과하기 전에 손해배상을 청구할 수 있습니다.** 부동산 중개업자의 고의 또는 과실로 인해 보증금 전부나 일부에 대해 손해가 발생한 경우 임차인은 공제증서를 발급해준 협회나 개업공인중개사를 상대로 손해배상을 청구할 수 있습니다. 공제금 청구권의 소멸시효는 공제사고 발생일로부터 2년 이내입니다. 따라서 공제사고 발생일로부터 2년이 경과하기 전에 소송을 하면 됩니다.

🏠
TIP
보증금에 대한 손해배상은 공인중개사협회, 개업공인중개사, 건물주를 상대로 동시에 진행하면 됩니다. 공인중개사협회는 손해배상 확정판결문 접수 시 임차인에게 먼저 배상금을 지급하고, 사안에 따라 개업공인중개사에게 구상권을 청구합니다.

Q 저희 부부는 전세금 2억 원으로 아파트에 거주하고 있는 임차인
입니다. 임대인이 노령의 연세로 사망했는데, 저희 임대차 보증
금은 누구한테 받아야 하나요?

A **임대인 사망 시 상속 지분권자들에게 보증금 반환을 청구하면
됩니다.** 만약 상속 지분권자들의 협의가 이루어지지 않아 상속
권자가 특정되지 않았다면 일단 법원에 전세 보증금 반환 청구소송이
나 지급명령 신청 등을 통해 집행권원을 확보한 후 주택에 대하여 경매
신청을 할 수 있습니다.

Q 저는 사정상 임대차 계약 만기일보다 15일 정도를 더 거주했습
니다. 이삿짐을 옮긴 후 임대인에게 보증금을 정산 받았는데,
한 달분으로 월세를 계산하여 보증금에서 공제했습니다. 사전에 임차
인과 협의도 없이 이렇게 일방적으로 한 달분을 공제해도 되는 건가요?

A **추가로 거주한 15일에 대해서만 일수로 계산하여 임대료를 받
아야 합니다.** 임대차 계약에서 받는 월차임은 물건의 사용 대가

로 발생한다는 점에서 법정과실에 해당합니다. 따라서 계약서 작성 당시 특약으로 "한 달 미만의 기간은 한 달로 계산한다"는 별도의 규정이 없는 한 해당 일수에 대하여 '일수의 비율'에 따라 추가 임대료를 계산해야 합니다. 임대인이 부당하게 계산한 월세는 돌려받을 수 있으며, 법정과실의 귀속에 관한 규정은 임의규정(任意規定)이므로 당사자는 특약으로 다른 약정을 할 수 있습니다.

》「민법」제101조(천연과실, 법정과실)

② 물건의 사용 대가로 받는 금전, 기타의 물건은 법정과실로 한다.

》「민법」제102조(과실의 취득)

② 법정과실은 수취할 권리의 존속 기간 일수 비율로 취득한다.

임대인 말만 믿고 다른 집을 계약했는데 보증금을 못 준다네요? ▼ 🔍

Q 저는 투룸에 거주하고 있는 임차인입니다. 임대인에게 계약 만기 후 재계약은 안 할 것이며, 다른 집을 알아보고 계약금을 지급하겠다고 이야기했습니다. 임대인이 만기 때 보증금은 확실하게 내줄 테니 걱정하지 말라고 해서 안심하고 있었습니다. 그런데 만기가 되어 나가려는데 아직 보증금을 마련하지 못해 바로 지급할 수 없다고 합니다. 이 때문에 다른 집에 지급한 계약금을 못 받게 됐는데, 이에 대한

손해를 임대인에게 청구할 수 있나요?

A 임대인에게 손해배상 청구가 가능합니다. 손해는 통상손해와 특별손해, 두 가지로 분류됩니다. 통상손해는 어떤 사건이나 사고에서 누가 보더라도 당연히 예상되는 손해를 말합니다. 또 특별손해는 그 상황에서 특별한 사유로 인해 발생한 확대손해를 말합니다. 사례자의 경우 사전에 건물주에게 다른 집을 계약하면서 계약금을 지급한다고 통보하였고, 건물주도 계약 종료 후 문제없이 보증금을 돌려주지 못하면 임차인이 손해 볼 것이라는 것을 예상할 수 있었기 때문에 임대인에게 손해배상 청구가 가능합니다.

집이 경매에 넘어가면 법원에 어떤 서류를 제출해야 하나요? ▼ 🔍

Q 제가 살던 집이 계약 기간 중 법원 경매로 넘어가서 배당을 해준다는 통지문을 받았습니다. 법원에 제출할 서류와 배당 절차는 어떻게 되나요?

A 임차인이 확정일자를 받았거나 소액 임차인에 해당되어 배당에 참가하려면 '임차인 권리신고 및 배당 요구 신청서'를 작성하고 임대차 계약서, 주민등록등본, 신분증 등을 첨부하여 배당 요구 종기일까지 법원 경매계에 제출해야 합니다. 임차인은 누구를 막론하고 배당

청구를 꼭 해야 합니다. 확정일자를 받은 임차인과 소액 임차인에게는
배당신청권이 있습니다.

주민등록을 옮기고서 집이 경매로 넘어갔는데 보증금을 받을 수 있나요? ▾ 🔍

Q 주택을 임차하여 살면서 일시적으로 주민등록을 다른 곳으로 옮
겼는데, 그 기간 중에 저당권이 설정되고 그 후 경매가 진행되어
제3자에게 낙찰된다면 경락인에게 보증금 반환을 요구할 수 없나요?

A **대항력을 상실하여 보증금 반환을 요구할 수 없습니다.** 임차인
이 대항력을 취득하려면 거주뿐만 아니라 주민등록도 유지하고
있어야 합니다. 주민등록을 다른 곳으로 옮기는 순간 대항력은 상실됩
니다. 그 후 다시 전입신고를 하더라도 그때부터 대항력이 다시 발생하
므로 경락인에게 대항할 수 없습니다.

살던 집에 경매 신청을 하려면 먼저 이사를 해야 하나요? ▾ 🔍

Q 계약 기간이 만료됐는데 임대인이 전세 보증금을 돌려주지 않
아 거주하고 있는 집에 경매를 신청하려고 합니다. 이 경우 먼
저 이삿짐을 옮기고 나서 경매 신청을 해야 하나요?

A 　계약 기간 만료 후 임차인이 경매를 신청하는 경우 임차인은 계속 거주하면서 경매 신청을 할 수 있습니다.

» 「주택임대차보호법」 제3조의 2(보증금의 회수)

① 임차인(제3조 제2항 및 제3항의 법인을 포함한다. 이와 같다.)이 임차주택에 대하여 보증금 반환 청구소송의 확정 판결이나 그 밖에 이에 준하는 집행권원에 따라서 경매를 신청하는 경우에는 집행 개시 요건에 관한 「민사집행법」 제41조에도 불구하고 반대 의무(反對義務)의 이행이나 이행의 제공을 집행 개시의 요건으로 하지 아니한다.

» 「민사집행법」 제41조(집행 개시의 요건)

① 반대 의무의 이행과 동시에 집행할 수 있다는 것을 내용으로 하는 집행권원의 집행은 채권자가 반대 의무의 이행 또는 이행의 제공을 하였다는 것을 증명하여야만 개시할 수 있다.

법원에서 배당을 받으려는데 돈 먼저 받고 나중에 나갈 수 있나요? ▾　🔍

Q 　전세로 살던 집이 경매에 들어갔는데, 최우선변제 요건에 해당되어 소액 보증금을 수령하라는 통지문을 법원에서 받았습니다. 이 경우 제가 먼저 집을 비워줘야 소액 보증금을 받을 수 있는 건가요?

A **네, 맞습니다.** 임차인이 거주하고 있던 주택을 양수인에게 인도하지 않으면 최우선변제에 따른 소액 보증금을 수령할 수 없습니다.

》「주택임대차보호법」제3조2(보증금의 회수)

② 제3조 제1항·제2항 또는 제3항의 대항요건과 임대차 계약증서(제3조 제2항 및 제3항의 경우에는 법인과 임대인 사이의 임대차 계약증서를 말한다.)상의 확정일자를 갖춘 임차인은 「민사집행법」에 따른 경매 또는 「국세징수법」에 따른 공매를 할 때에 임차주택(대지를 포함한다.)의 환가대금에서 후순위 권리자나 그 밖의 채권자보다 우선하여 보증금을 변제받을 권리가 있다.

③ 임차인은 임차주택을 양수인에게 인도하지 아니하면 제2항에 따른 보증금을 받을 수 없다.

경매로 넘어가면 받을 수 있는 금액은 얼마이고, 지급일은 언제인가요? ▾ 🔍

Q 보증금 5,000만 원으로 전세 계약을 하려고 하는데요, 만약 사는 집이 경매에 들어간다면 임차인으로서 얼마를 보장받게 될까요? 이때 최우선변제금액 기준일은 제가 전입신고 한 날짜를 말하는 건가요?

A **경매 진행 시 임차 보증금 중에서 최우선적으로 받을 수 있는 소액 보증금의 적용 범위와 받게 되는 소액 보증금은 입주하고자 하는 지역에 따라 차이가 있습니다(부록2 참조).** 또한 최우선변제금액

산정일은 등기사항전부증명서 을구에 표시된 최초기준권리 일자(근저
당권, 저당권, 전세권 등)를 기준으로 합니다.

법정대리인 동의 없이 미성년자와 계약했는데 보증금을 달라네요? ▾ 🔍

Q 저는 대학교 근처에서 학생들을 상대로 원룸 주택을 임대하고
있습니다. 얼마 전 신입 여학생이 찾아와 직거래로 월세 계약
서를 작성했습니다. 그런데 입주한 지 한 달 정도 지나서 사정이 있어
계약을 해지하겠다고 합니다. 계약 기간 이내에는 보증금을 내줄 수
없다고 하자 부친이 찾아와 딸이 미성년자인데 부모 동의도 받지 않
고 계약을 했으니 무효라고 주장하는데, 이런 경우 보증금을 돌려줘
야 하나요?

A **네, 보증금을 돌려줘야 합니다.** 미성년자와의 법률 행위에는 반
드시 법정대리인의 동의가 있어야 하며, 동의는 명시적이든 묵
시적이든 상관없습니다. 만약 미성년자와 계약을 한 경우 미성년자 본
인(계약자)이나 법정대리인은 언제든지 계약을 취소할 수 있습니다. 이
러한 계약은 처음부터 효력이 없는 것으로 보아 보증금과 월차임을 반

환해주어야 합니다.

» 「민법」 제5조(미성년자의 능력)

① 미성년자가 법률 행위를 함에는 법정대리인의 동의를 얻어야 한다. 그러나 권리만을 얻거나 의무만을 면하는 행위는 그러하지 아니하다.

② 전 항의 규정에 위반한 행위는 취소할 수 있다.

» 「민법」 제141조(취소의 효과)

취소된 법률 행위는 처음부터 무효인 것으로 본다. 다만 제한 능력자는 그 행위로 인하여 받은 이익이 현존하는 한도에서 상환(償還)할 책임이 있다.

» 대법원 2007.11.16. 선고 2005다71659, 71666, 71673 판결 요지

미성년자가 법률 행위를 함에 있어서 요구되는 법정대리인의 동의는 언제나 명시적이어야 하는 것은 아니고 묵시적으로도 가능한 것이며, 미성년자의 행위가 위와 같이 법정대리인의 묵시적 동의가 인정되거나 처분 허락이 있는 재산의 처분 등에 해당하는 경우라면 미성년자로서는 더 이상 행위 무능력을 이유로 그 법률 행위를 취소할 수 없다.

TIP

계약서 작성 시 임차인의 신분증을 통해 미성년자인지를 확인해야 합니다. 만약 미성년자라면 법정대리인의 동의를 반드시 받아야 하며, 동의는 명시적이든 묵시적이든 효력이 있다는 것이 법원 판례의 입장입니다. 계약서 작성 전 임차인에게 법정대리인의 동의서를 받아두거나 법정대리인과 전화통화를 해서 동의 여부를 확인하고 녹취를 해놓는 것이 법적 분쟁을 예방하는 길입니다.

Q　제가 살고 있는 집의 전세 계약 기간이 종료되어 이사를 가려고
하는데, 임대인이 보증금 1억 원 중 5천만 원만 준비됐다며 나머
지는 1개월만 기다려달라고 합니다. 불가피하게 이사를 가야 해서 임
차권 등기를 하려고 합니다. 보증금 중 아직 받지 못한 5천만 원 일부에
대한 임차권 등기도 가능한가요?

A　**네, 가능합니다.** 임차인이 계약 만기 후 임차 보증금 전액을 돌
려받지 못한 경우는 물론, 일부를 돌려받지 못한 경우에도 임차
주택의 소재지를 관할하는 법원에 주택 임차권 등기명령을 신청할 수
있습니다.

» 「주택임대차보호법」 제3조의 3(임차권 등기명령)

① 임대차가 끝난 후 보증금이 반환되지 아니한 경우 임차인은 임차주택의
소재지를 관할하는 지방법원·지방법원지원 또는 시·군법원에 임차권 등기
명령을 신청할 수 있다.

» 「임차권 등기명령 절차에 관한 규칙」 제2조 제1항 제5호

제2조(임차권 등기명령 신청서의 기재사항 등) ① 임차권 등기명령 신청서에는
다음 각 호의 사항을 기재하고 임차인 또는 대리인이 기명날인 또는 서명하
여야 한다.

5. 반환 받지 못한 임차 보증금 및 차임(「주택임대차보호법」 제12조 또는 「상가건물임대차보호법」 제17조의 등기하지 아니한 전세 계약의 경우에는 전세금)

만기를 앞두고 임대인이 재계약을 안 한다네요?

Q 1년 계약으로 원룸 월세를 얻어 거주하던 중 주거 주변 여건이 양호해서 1년 정도 더 살 생각이었습니다. 그런데 계약 종료를 10여 일 정도 남기고 만기 후에 새로운 임차인이 입주하기로 했으니 집을 비워달라는 임대인의 통보를 받았습니다. 이 경우 만기일에 집을 비워주어야 하나요?

A **비워주지 않아도 됩니다.** 임대인은 임대차 계약 기간이 종료되기 6개월 전부터 1개월 전까지의 기간에 임차인에게 계약 갱신 거절의 통지를 하여야 정상적으로 계약이 종료됩니다. 이 기간이 지나서 통지하였다면 묵시적 갱신(자동연장)이 되어 임차인은 전 임대차와 동일한 조건으로 계속 거주할 수 있습니다. 또한 임대차의 존속 기간을 2년으로 명시한 바, 임차인이 원할 경우 언제든지 이사가 가능합니다. 다만 임차인이 월차임을 2기 이상 연체한 경우나 임차주택을 주거 외의 목적으로 사용하는 등 임차인의 의무를 위반한 경우에는 묵시적 갱신을 주장할 수 없습니다.

Q 임대차 계약 기간이 만료되어 전세 보증금을 반환 받아야 하는데 집주인이 차일피일 미루기만 합니다. 지인들이 내용증명을 빨리 보내라고 하면서 변호사 이름으로 보내야 법적 효력이 있다고 하는데, 꼭 변호사 이름으로 내용증명을 보내야 하나요?

A **개인 이름으로 보내도 법적인 효력은 동일합니다.** 내용증명은 개인 및 상호 간의 채권 또는 채무 이행 등의 득실 변경에 관한 부분을 문서화한 것입니다. 어떤 내용의 것을 언제, 누가, 누구에게 발송하였는가 하는 사실을 발송인이 작성한 등본에 의하여 우체국장이 공적인 입장에서 증명하는 제도입니다. 법률상 각종의 최고(催告)·승인(承認)·위임(委任)의 해제·취소 등 권리 의무의 변경, 기타 후일 당사자 간의 분쟁 등이 생겼을 때의 증거로서 소송이나 재판에 도움을 주기 위한 제도입니다. 따라서 기록 취급을 하지 않는 통상우편으로는 증명을 할 수 없으므로 반드시 등기우편으로 하여 기록을 남겨야 하며, 또 언제 배달하였다는 것을 증명하는 '배달증명' 우편물로 발송하면 완전합니다. 보증금 반환 내용증명을 변호사 이름으로 보낸다고 하여 법적으로 더 강력한 효과가 있는 것은 아닙니다. 다만 개인 명의가 아닌 변호사 이름으로 보내면 법률 전문가의 검토를 충분히 받은 것이고, 향후 법적으로 소송이 들어올 수 있겠다는 심리적인 압박감을 상대방이 갖게 될 것입니다.

≫「우편법 시행규칙」제25조(선택적 우편역무의 종류 및 이용조건 등)

4. 증명 취급

가. 내용증명: 등기 취급을 전제로 우체국 창구 또는 정보통신망을 통하여 발송인이 수취인에게 어떤 내용의 문서를 언제 발송하였다는 사실을 우체국이 증명하는 특수취급제도

TIP

내용증명은 우편법 시행규칙에 따라 등기 취급을 전제로 우체국 창구 또는 정보통신망을 통하여 발송인이 수취인에게 어떤 내용의 문서를 언제 발송하였음을 증명하는 특수취급제도입니다. 계약의 해제(해지), 보증금 반환, 이행의 최고 등은 내용증명을 통하여 의사표시를 하는 것이 후일 분쟁을 예방할 수 있는 방법입니다.

부동산 전문가들도
꼭 알고 있어야 돼요!

Q 부동산 중개업자가 거래 당사자에게 중개 보수 청구권을 행사
하기 위해서는 어떠한 요건이 충족되어야 하나요?

A **개업공인중개사가 중개 의뢰인에게 보수 청구권을 행사하기 위
해서는 원칙적으로 다음의 세 가지 요건을 갖추어야 합니다.**

① 부동산 중개 계약이 존재할 것: 통상적으로 구두계약도 계약으로 인정하
나, 법적 분쟁이 발생하거나 중개 의뢰인의 입장이 변할 수 있기 때문에 원
칙적으로 서면계약이 존재할 것

② 중개의 대상인 계약이 성립할 것: 중개 계약에 특약이 없는 한 중개의 대상
인 계약이 성립되지 않으면 아무리 중개의 성공을 위하여 장기간의 수고
를 하고 비용 등을 지출한 경우에도 중개 보수나 지출한 비용의 지급을 청
구할 수 없음

③ 계약 성립과 개업공인중개사, 중개 사이에 인과 관계가 있을 것: 의뢰인이
개업공인중개사에게서 거래 목적물과 상대방을 소개받은 후에 개업공인
중개사를 배제하고 양 당사자 사이에 직접적으로 거래한 경우에는 중개
보수 청구권의 요건이 되나, 의뢰인이 다른 개업공인중개사를 통해서 계
약을 체결한 경우에는 중개 보수 청구권이 없음

Q 계약이 성립된 후에 당사자 일방이 계약을 이행하지 않은 경우에도 개업공인중개사는 중개 보수를 청구할 수 있나요?

A **네, 중개 보수를 청구할 수 있습니다.** 계약이 일단 성립하면 설령 그 후에 당사자의 합의로 계약이 해제되거나 당사자 일방의 채무 불이행으로 인하여 계약이 해제되는 경우라도 개업공인중개사는 중개 보수를 청구할 수 있습니다.

≫ 「민법」 제686조(수임인의 보수 청구권)

③ 수임인이 위임사무를 처리하는 중에 수임인의 책임 없는 사유로 인하여 위임이 종료된 때에 수임인은 이미 처리한 사무의 비율에 따른 보수를 청구할 수 있다.

≫ 「상법」 제61조(상인의 보수 청구권)

상인이 그 영업 범위 내에서 타인을 위하여 행위를 한 때에는 이에 대하여 상당한 보수를 청구할 수 있다.

≫ 부산지방법원 2007.01.25. 선고 2005나10743 판결 요지

부동산 중개 행위는 중개업자가 중개 대상물에 대하여 거래 당사자 간의 매매·교환·임대차, 기타 권리의 득실·변경에 관한 행위를 알선하는 것으로서 원칙적으로 중개업자는 중개 대상물에 대한 계약서의 작성 업무 등 계약 체결까지 완료되어야 비로소 중개 의뢰인에게 중개 수수료를 청구할 수 있다. 다만 중개업자가 계약의 성립에 결정적인 역할을 하였음에도 중개 행위가 그의 책임 없는 사유로 중단되어 최종적인 계약서 작성 등에 관여하지 못하였다는 등의 특별한 사정이 있는 경우에는 「민법」 제686조 제3항, 「상법」 제61조의 규정 취지나 신의성실의 원칙 등에 비추어볼 때 그 중개업자는 중개 의뢰인에 대하여 이미 이루어진 중개 행위의 정도에 상응하는 중개 수수료를 청구할 권한이 있다.

중개보조원이 대표라는 명함을 제조 및 배포할 경우 처벌 수위는? ▼ 🔍

Q 중개보조원이 본인이 사용하는 명함에 △△대표라는 명칭을 제조 및 배포할 경우 어떤 처벌을 받게 되나요?

A **형사처벌 대상으로 벌금형에 처할 수 있습니다.** 공인중개사가 아님에도 '△△부동산 대표'라고 기재한 명함을 사용한 경우 "개업공인중개사가 아닌 자는 '공인중개사사무소', '부동산 중개' 또는 이와 유사한 명칭을 사용하여서는 아니 된다"는 규정에 위배되며, 일반인으로 하여금 그러한 명칭을 사용하는 자를 공인중개사 또는 개업공인중개사로 오인하게 할 위험성이 있어 형사처벌 대상임을 유의해야 합니다.

» 「공인중개사법」 제8조(유사 명칭의 사용 금지)

공인중개사가 아닌 자는 '공인중개사' 또는 이와 유사한 명칭을 사용하지 못한다.

» 「공인중개사법」 제49조(벌칙)

① 다음 각 호의 어느 하나에 해당하는 자는 1년 이하의 징역 또는 1천만 원 이하의 벌금에 처한다.

2. 제8조의 규정을 위반하여 공인중개사가 아닌 자로서 공인중개사 또는 이와 유사한 명칭을 사용한 자

» 대법원 2015.07.23. 선고 2014도12437 판결 요지

'부동산'이라는 표현은 그 사전적 의미로 쓰이는 것 외에도 일상생활에 '부동산 중개' 또는 '부동산 중개사무소'를 줄여 이를 뜻하는 말로도 흔히 사용되고 있고, 특히 부동산 중개를 업으로 하면서 'ㅇㅇ부동산', '부동산ㅇㅇ' 등의 형식으로 상호의 주된 부분을 표기하는 경우가 드물지 않은 점, 구 공인중개사법 등의 관련 규정에 의하면 중개사무소의 개설 등록은 공인중개사 또는 법인만이 할 수 있는 점 등을 앞서 본 법리에 비추어보면 피고인이 공소사실 기재와 같이 '△△부동산' 및 '부동산 Cafe'라고 표시된 옥외광고물을 설치하고 '△△부동산 대표'라는 명칭이 기재된 명함을 사용한 것은 일반인으로 하여금 피고인이 공인중개사사무소 또는 부동산 중개를 하거나 공인중개사인 것으로 오인하도록 할 위험성이 있는 것으로 보이므로, 위 법 규정에서 말하는 이와 유사한 명칭을 사용한 경우에 해당한다고 보아야 할 것이다.

Q 중개보조원의 위법 행위로 인해 개업공인중개사에게 적용하는
양벌규정이란 무엇인가요?

A **위반 행위를 한 자 외에 법인이나 개업공인중개사도 처벌하는
규정입니다.** 「공인중개사법」 제50조 양벌규정의 취지는 위반
행위를 한 행위자를 처벌하는 것 외에 당해 법인이나 개업공인중개사
에게 형사 처분을 부과함으로써 중개보조원 등에 대한 지도 의무를 강
화하는 차원에서 제정한 법률로, 개업공인중개사는 위반 행위를 방지
하기 위하여 사전에 상당한 주의와 감독을 해야만 처벌을 면할 수 있습
니다.

≫ 「공인중개사법」 제50조(양벌규정)

소속공인중개사, 중개보조원 또는 개업공인중개사인 법인의 사원·임원이 중
개 업무에 관하여 제48조 또는 제49조의 규정에 해당하는 위반 행위를 한 때
에는 그 행위자를 벌하는 외에 그 개업공인중개사에 대하여도 해당 조에 규
정된 벌금형을 과한다. 다만 그 개업공인중개사가 그 위반 행위를 방지하기
위하여 해당 업무에 관하여 상당한 주의와 감독을 게을리하지 아니한 경우에
는 그러하지 아니하다.

Q 부동산 중개업자가 실제 중개 행위를 하지 않고 단순히 계약서를 대필해준 경우에도 처벌 대상인가요?

A **네, 처벌 대상이 될 수 있습니다.** 단순히 거래 당사자(임대인·임차인)가 계약서를 작성하는 데 있어서 공부(건축물대장, 등기사항전부증명서 등)를 제공하고 기초적인 권리 관계를 확인해주는 데 그쳤다면 처벌 대상이 아닙니다. 다만 부동산 중개업자가 중개 행위를 하지 않았음에도 개업공인중개사가 계약서에 직접 서명·날인한 상태에서 관련 중개 사고가 발생했을 경우에는 손해배상책임이 발생합니다.

» 「공인중개사법」 제26조(거래 계약서의 작성 등)

① 개업공인중개사는 중개 대상물에 관하여 중개가 완성된 때에는 대통령령이 정하는 바에 따라 거래 계약서를 작성하여 거래 당사자에게 교부하고 대통령령이 정하는 기간 동안 그 사본을 보존하여야 한다.

» 대법원 2010.05.13. 선고 2009다78863, 78870 판결 요지

① '공인중개사의 업무 및 부동산 거래 신고에 관한 법률'의 목적, 중개업자의 자격요건·기본윤리 등이 엄격하게 규정되어 있는 점, 위 법이 중개업자로 하여금 중개가 완성된 때에 거래 계약서 등을 작성·교부하도록 정하고 있는 점 등을 고려하면 중개업자는 중개가 완성된 때에만 거래 계약서 등을

작성·교부하여야 하고 중개를 하지 아니하였음에도 함부로 거래 계약서 등을 작성·교부하여서는 아니 된다.

② 부동산 중개업자가 자신의 중개로 전세 계약이 체결되지 않았음에도 실제 계약 당사자가 아닌 자에게 전세 계약서와 중개 대상물 확인설명서 등을 작성·교부해 줌으로써 이를 담보로 제공받아 금전을 대여한 대부업자가 대여금을 회수하지 못하는 손해를 입은 사안에서, 중개업자로서는 일반 제3자가 그 전세 계약서에 대하여 중개업자를 통해 그 내용과 같은 전세 계약이 체결되었음을 증명하는 것으로 인식하고 이를 전제로 그 전세 계약서를 담보로 제공하여 금전을 차용하는 등의 거래 관계에 들어갈 것임을 인식할 수 있었다고 보아 중개업자의 주의 의무 위반에 따른 손해배상책임을 인정한 사례

선순위 임차인들에 대한 보증금 현황을 알리지 않으면 안 되나요? ▼ 🔍

Q 다가구주택 계약서 작성 시 선순위 임차인들에 대한 확인·설명을 소홀히 하여 현 임차인들이 불측의 손해를 당한 경우 중개업자의 과실을 인정하는 판례가 있었나요?

A **다가구주택에 대한 계약서 작성 시 선순위 임차인들에 대한 임대차 현황 고지를 소홀히 하여 배상 판결을 받은 판례가 있습니다.** 다가구주택에 대한 임대차 계약 시 선순위 임차인들에 대한 권리

관계를 소홀히 하여 경매로 보증금의 전부 또는 일부에 대해 손해를 본 거래 당사자들이 부동산 중개업자를 상대로 소송을 거는 경우가 있습니다. 다가구주택에 대한 임대차 계약을 중개할 때에는 등기사항전부증명서에 기재된 근저당권 등 권리 관계뿐만 아니라 매도·매수 의뢰인에게 선순위 임차인의 임대차 계약서 등 근거자료를 교부받아 중개 대상물 확인·설명서에 기재해주어야 합니다. 만약 의뢰인 등이 중개 대상물의 상태에 관한 자료 요구에 불응한 경우에는 그 사실을 매수·임차 의뢰인 등에게 설명하고, 중개 대상물 확인·설명서에 기재해야 합니다.

» 「공인중개사법」 제25조(중개 대상물의 확인·설명)

② 개업공인중개사는 제1항의 규정에 의한 확인 · 설명을 위하여 필요한 경우에는 중개 대상물의 매도 의뢰인, 임대 의뢰인 등에게 당해 중개 대상물의 상태에 관한 자료를 요구할 수 있다.

» 「공인중개사법」 시행령 제21조(중개 대상물의 확인·설명)

② 개업공인중개사는 매도 의뢰인, 임대 의뢰인 등이 법 제25조 제2항의 규정에 따른 중개 대상물의 상태에 관한 자료 요구에 불응한 경우에는 그 사실을 매수 의뢰인, 임차 의뢰인 등에게 설명하고, 제3항의 규정에 따라 중개 대상물 확인·설명서에 기재하여야 한다.

» 대법원 2012.01.26. 선고 2011다63857 판결 요지

중개업자는 다가구주택 일부에 관한 임대차 계약을 중개하면서 임차 의뢰인이 임대차 계약이 종료된 후에 임대차 보증금을 제대로 반환 받을 수 있는지 판단하는 데 필요한 다가구주택의 권리 관계 등에 관한 자료를 제공하여야 하므로, 임차 의뢰인에게 부동산 등기부상에 표시된 중개 대상물의 권리 관계 등을 확인·설명하는 데 그쳐서는 아니 되고, 임대 의뢰인에게 다가구주택 내에 이미 거주해서 살고 있는 다른 임차인의 임대차 계약 내역 중 개인정보에 관한 부분을 제외하고 임대차 보증금, 임대차의 시기와 종기 등에 관한 부분의 자료를 요구하여 이를 확인한 다음, 임차 의뢰인에게 설명하고 자료를 제시하여야 한다. 「공인중개사의 업무 및 부동산 거래 신고」에 관한 법률 제30조(현 「공인중개사법」)에서 정한 서식에 따른 중개 대상물 확인·설명서의 중개 목적물에 대한 '실제 권리 관계 또는 공시되지 아니한 물건의 권리사항' 란에 그 내용을 기재하여 교부하여야 할 의무가 있고, 만일 임대 의뢰인이 다른 세입자의 임대차 보증금, 임대차의 시기와 종기 등에 관한 자료 요구에 불응한 경우에는 그 내용을 중개 대상물 확인·설명서에 기재하여야 할 의무가 있다. 그러므로 중개업자가 고의나 과실로 이러한 의무를 위반하여 임차 의뢰인에게 재산상의 손해를 발생하게 한 때에는 「공인중개사의 업무 및 부동산 거래 신고에 관한 법률」 제30조에 의하여 이를 배상할 책임이 있다.

TIP
부동산 중개업자 갑이 다가구주택 일부에 관하여 임대 의뢰인 을과 임차 의뢰인 병의 임대차 계약을 중개하면서 병에게 부동산 등기부에 기재된 근저당권의 채권최고액을 고지하고 임대차 계약서의 특약사항에 이를 기재하였습니다. 그러나 다가구주택에 거주하던 다른 임차인의 임대차 보증금 액수, 임대차 계약의 시기와 종기 등에 관한 사항을 확인하여 설명하지 않았고 근거자료를 제시하지도 않았으며, 중개 대상물 확인·설명서의 '실제 권리 관계 또는 공시되지 아니한 물건의 권리 사항' 란에도 이를 기재하지 않았습니다. 그 후 위 다가구주택에 관하여 개시된 경매 절차에서 다가구주택의 다른 소액 임차인 등은 배당을 받았으나 병은 이들 보다 후순위에 있어 임대차 보증금 반환 채권을 배당받지 못하였고, 을에게서도 임대차 보증금을 반환 받지 못한 사안에서 개업공인중개사를 상대로 소송을 제기한 법원 판례가 있었습니다.

거래 계약서 작성 후 서명 및 날인 누락 시 행정 처분 수위는?   ▼ Q

Q 거래 계약서 작성 후 계약서 및 확인·설명서에 서명 및 날인을 하게 되어 있는데, 만약 누락될 경우 어떤 처벌을 받나요?

A **6개월의 범위 내에서 업무 정지 처분을 받을 수 있습니다.** 개업 공인중개사는 중개가 완성된 때 계약서 및 확인·설명서에 서명 및 날인을 하도록 규정되어 있습니다. 중개업자가 자필로 서명하지 아니하고 성명이 새겨진 고무인을 사용하거나, 사전에 계약서에 인쇄된 것을 컴퓨터로 출력해 사용하거나, 서명만 하고 날인을 누락하는 경우에는 「공인중개사법」 위반으로 6개월의 범위 내에서 업무 정지 처분을 하도록 규정하고 있습니다. 서명 및 날인이란 본인 이름을 자서한 뒤 해당 등록 관청에 등록된 인장을 날인하는 것, 두 가지 모두를 말합니다.

》 「공인중개사법」 제16조(인장의 등록)

① 개업공인중개사 및 소속공인중개사는 국토교통부령이 정하는 바에 따라 중개 행위에 사용할 인장을 등록 관청에 등록하여야 한다. 등록한 인장을

변경한 경우에도 또한 같다.

② 개업공인중개사 및 소속공인중개사는 중개 행위를 함에 있어서 제1항의 규정에 의하여 등록한 인장을 사용하여야 한다.

≫「공인중개사법」제25조(중개 대상물의 확인·설명)

④ 제3항의 규정에 의한 확인·설명서에는 개업공인중개사(법인인 경우에는 대표자를 말하며, 법인에 분사무소가 설치되어 있는 경우에는 분사무소의 책임자를 말한다.)가 서명 및 날인하되, 당해 중개 행위를 한 소속공인중개사가 있는 경우에는 소속공인중개사가 함께 서명 및 날인하여야 한다.

≫「공인중개사법」제39조(업무의 정지)

① 등록 관청은 개업공인중개사가 다음 각 호의 어느 하나에 해당하는 경우 6월의 범위 안에서 기간을 정하여 업무의 정지를 명할 수 있다. 이 경우 법인인 개업공인중개사에 대하여는 법인 또는 분사무소별로 업무의 정지를 명할 수 있다.

7. 제25조 제4항의 규정을 위반하여 중개 대상물 확인·설명서에 서명 및 날인을 하지 아니한 경우

9. 제26조 제2항의 규정을 위반하여 거래 계약서에 서명 및 날인을 하지 아니한 경우

≫ 대법원 2009.02.12. 선고 2008두16698 판결 요지

①「공인중개사의 업무 및 부동산 거래 신고에 관한 법률(이하 '공인중개사법'이

라 한다.)」제26조 제2항, 제25조 제4항에서 정하는 '서명·날인'은 서명과 날인을 모두 하여야 한다는 서명 및 날인의 의미로 해석하여야 한다.

② 같은 법 제39조 제1항 제9호는 같은 법 제26조 제2항, 제25조 제4항에 정한 거래 계약서에의 서명·날인 의무를 위반한 경우를 업무 정지 사유로 규정하고 있으므로, 위 제39조 제1항 제9호 소정의 '서명·날인을 하지 아니한 경우'라 함은 서명과 날인 모두를 하지 아니한 경우뿐만 아니라 서명과 날인 중 어느 한 가지를 하지 아니한 경우도 포함하는 것으로 해석하였다.

업·다운계약서 작성 시 처벌 수위 및 유의할 사항은? ▼ 🔍

Q 매매 계약을 체결하면서 개업공인중개사가 업·다운계약서를 작성할 시 처벌 수위 및 주의할 점은 무엇인가요?

A **업무 정지, 등록 취소, 과태료 등의 처분을 받을 수 있습니다.** 현업에서 매매 계약을 중개하다 보면 중개 의뢰인이 양도소득세(주로 매도인)나 대출, 취·등록세(주로 매수인) 등의 문제로 실제 거래 가격이 아닌 허위의 매매 대금을 기재한 계약서 작성을 요청받는 경우가 있습니다. 이러한 불법 행위가 적발될 시 거래 당사자뿐만 아니라 부동산 중개업자 또한 업무 정지 또는 등록 취소, 과태료 등의 처분을 받게 될 수 있습니다.

≫ 「부동산 거래 신고 등에 관한 법률」 제4조(금지 행위)

누구든지 제3조에 따른 신고에 관하여 다음 각 호의 어느 하나에 해당하는 행위를 하여서는 아니 된다.

① 개업공인중개사에게 제3조에 따른 신고를 하지 아니하게 하거나 거짓으로 신고하도록 요구하는 행위

≫ 「공인중개사법」 제26조(거래 계약서의 작성 등)

③ 개업공인중개사는 제1항의 규정에 의하여 거래 계약서를 작성하는 때에 거래 금액 등 거래 내용을 거짓으로 기재하거나 서로 다른 2 이상의 거래 계약서를 작성하여서는 아니 된다.

≫ 수원지방법원 2018.02.23. 선고 2016가단541402 판결 요지

매도인의 업계약서 작성 적발, 과태료 부과, 양도소득세 감면 배제 후 양도소득세를 납부하게 되자 공인중개사에 대하여 손해배상을 청구한 사안에서, 법원은 과태료는 불법 행위자 개인에게 부과하는 것이므로 중개 행위와 인과관계를 부정하여 책임을 인정하지 아니하고, 양도소득세에 대하여는 중개인에게 60%의 책임을 인정한다.

TIP

개업공인중개사는 의뢰인과의 친분이나 중개 보수 때문에 업·다운계약서 작성의 유혹에서 벗어나기가 쉽지 않은 것이 사실입니다. 그러나 불법으로 작성한 계약서로 인해 행정처분은 물론 민사상의 손해배상책임까지 발생할 수 있으므로 다운계약서나 업계약서 작성 요청 시 단호히 거절하는 것이 최선의 방법입니다. 아래의 법원 판례는 토지 매매 업계약서 허위신고 적발에 따른 계약 당사자와 부동산 중개업자의 책임 및 제한 비율에 대한 판례입니다.

Q 개업공인중개사가 중개 의뢰인과 직접 매매 계약을 체결한 경우 이 매매 계약은 무효인가요?

A **단속규정 위반으로, 거래 계약 자체가 무효는 아닙니다.** 개업공인중개사 등이 중개 의뢰인과 직접 거래를 하는 경우 「공인중개사법」 제33조(금지 행위)에 위반하여 6개월의 범위 안에서 자격 정지가 될 수 있으나, 매매 계약 자체가 강행규정 위반은 아니며 단속규정 위반으로, 무효가 되지는 않는다는 대법원의 판례가 있었습니다.

≫ 강행규정 선량한 풍속, 기타 사회질서와 관계 있는 규정을 말한다. 강행규정은 사회질서 유지를 위한 규정이므로 당사자의 의사에 의해 그 적용을 배제할 수 없다.

≫ 단속규정 단속규정을 위반한 경우 행위자는 일정한 공법상의 제재를 받지만, 그 법률 행위 자체는 사법상 유효한 것으로 인정된다.

≫ 「공인중개사법」 제33조(금지 행위)

개업공인중개사 등은 다음 각 호의 행위를 하여서는 아니 된다.

⑥ 중개 의뢰인과 직접 거래를 하거나 거래 당사자 쌍방을 대리하는 행위

» 「공인중개사법」 제36조(자격의 정지)

① 시·도지사는 공인중개사가 소속공인중개사로서 업무를 수행하는 기간 중에 다음 각 호의 어느 하나에 해당하는 경우에는 6월의 범위 안에서 기간을 정하여 그 자격을 정지할 수 있다.

7. 제33조 각 호에 규정된 금지 행위를 한 경우

» 대법원 2017.02.03. 선고 2016다259677 판결 요지

개업공인중개사 등이 중개 의뢰인과 직접 거래를 하는 행위를 금지하는 「공인중개사법」 제33조 제6호의 규정 취지는 개업공인중개사 등이 거래상 알게 된 정보 등을 자신의 이익을 꾀하는 데 이용하여 중개 의뢰인의 이익을 해하는 경우가 있을 수 있으므로 이를 방지하여 중개 의뢰인을 보호하고자 함에 있다. 위 규정에 위반하여 한 거래 행위 자체가 그 사법상의 효력까지도 부인하지 않으면 안 될 정도로 현저히 반사회성, 반도덕성을 지닌 것이라고 할 수는 없을 뿐만 아니라 그 행위의 사법상의 효력을 부인하여야만 비로소 입법 목적을 달성할 수 있다고 볼 수 없고, 위 규정을 효력규정이라고 보아 이에 위반한 거래 행위를 일률적으로 무효라고 할 경우 중개 의뢰인이 직접 거래임을 알면서도 자신의 이익을 위해 한 거래 등도 단지 직접 거래라는 이유로 그 효력이 부인되어 거래의 안전을 해칠 우려가 있으므로 위 규정은 강행규정이 아니라 단속규정이라고 보아야 한다.

Q 매도인 확인을 게을리하여 사기를 당한 경우 부동산 중개업자
의 책임은 어디까지인가요?

A **부동산 중개업자의 과실 책임 범위를 50%로 인정한 판례가 있
습니다.** 부동산 매도인을 제대로 확인하지 않아 사기를 당한 경
우 이에 관여한 부동산 중개인 등으로부터 손해배상을 받을 수 있지만,
매수인 본인의 과실도 있으므로 그 배상 범위는 50%에 한정된다고 판
단한 법원의 판례가 있었습니다.

» 서울중앙지방법원 2009.07.24. 선고 2007가합113101 손해배상(기) 판결 요지

부동산 중개업자 또는 소속공인중개사가 부담하는 주의 의무. 부동산 중개
계약은 부동산의 매매, 임대차 등의 알선이라고 하는 사실 행위를 위탁하고
부동산 중개인이 이를 수탁하는 계약이므로 그 법률적 성질은 「민법」상의 위
임에 해당한다. 그러므로 부동산 중개업자가 부동산 매매를 중개함에 있어서
는 「민법」 제681조에 따른 중개 계약의 본질에 따라 선량한 관리자의 주의로
써 의뢰받은 중개 사무를 처리하여야 할 의무가 있다. 또 부동산 중개업자는
중개 계약을 체결하지 아니한 제3자에 대해서는 중개 계약상의 책임을 부담
하지는 않지만 부동산 중개업자는 직접적인 위탁 관계가 없다고 하더라도 부
동산 중개업자의 개입을 신뢰하고 거래를 하게 되는 제3자에 대하여 신의성
실을 취지로 하여 권리의 진위에 관해서 특별한 주의를 하는 등 업무상의 일

반적인 주의 의무를 부담한다고 봄이 상당하다. 이와 같은 취지에서 중개업자에게 「부동산중개업법」 제29조 제1항은 신의와 성실로써 공정하게 중개 업무를 수행할 의무를 부담한다고 규정하면서, 제25조 제1항은 중개 의뢰를 받은 중개업자는 중개 물건의 권리 관계, 법령의 규정에 의한 거래 또는 이용 제한사항 등을 확인하여 중개 의뢰인에게 설명할 의무가 있음을 명시하여 규정하고 있는 바, 중개업자가 중개 의뢰인에게 설명할 의무가 있는 중개 물건의 권리 관계 중에는 중개 대상물의 권리자에 관한 사항도 포함되므로 중개업자는 선량한 관리자의 주의와 신의성실로써 매도 등 처분을 하려는 자가 진정한 권리자와 동일인인지 여부를 조사하고 확인할 의무를 부담하고 있다(대법원 1993.05.11. 선고 92다55350 판결, 대법원 2007.11.15. 선고 2007다44156 판결 등 참조). 주민등록증과 등기부등본의 대조는 공인중개사가 중개 업무를 처리함에 있어서 권리자의 진위 여부를 판단하기 위한 가장 기본적인 업무라고 할 수 있는 점, 주민등록증의 진위 여부 및 제시자가 본인임을 판단함에 있어서 성명과 주민등록번호는 물론 주소의 확인도 기본적인 사항인 점, 중개 행위 과정의 과실에 의한 불법 행위로 인하여 원고들이 입은 손해를 배상할 책임이 있다.

임차인의 신분증과 주민등록등본, 둘 다 받아놔야 되나요? ▼ 🔍

 임대차 계약서 작성 시 개업공인중개사는 임차인의 신분증과 주민등록등본을 다 받아놔야 하나요?

A **네, 둘 다 받아두는 게 좋습니다.** 임차인의 신원을 제대로 확인하고 있어야 향후 법적인 문제가 발생할 시 활용할 수 있기 때문입니다. 실무에서 임대인은 차임을 받는 입장이라 임차인에게 임대인의 신분을 확인시켜주지만, 반대로 임차인의 신분증을 임대인에게 확인시키는 경우는 많지 않습니다.

≫ 「공인중개사법」 제25조의 2(소유자 등의 확인)

개업공인중개사는 중개 업무의 수행을 위하여 필요한 경우에는 중개 의뢰인에게 주민등록증 등 신분을 확인할 수 있는 증표를 제시할 것을 요구할수 있다.

TIP

임차인이 월세를 수개월간 연체하고 보증금도 없는 상태에서 행방불명된다든지 하는 경우가 있습니다. 이럴 경우에는 법적 조치를 준비해야 합니다.

임대인·임차인 모두에게 도움이 돼요!

임대인과 같이 살 경우 방 한 칸에 입주해도 괜찮은가요? ▾ 🔍

Q 저는 대학을 졸업하고 직장생활을 시작하려는 새내기 직장 여성입니다. 회사 근처에서 방을 알아보다가 넓은 평수의 아파트에서 혼자 거주하고 계시는 아주머니가 방 한 칸을 주변 시세보다 저렴하게 임대해서 계약하려고 합니다. 임대인이 거주하는 집의 방 한 칸도 법의 보호를 받을 수 있나요?

A 네, 법의 보호를 받을 수 있습니다. 「주택임대차보호법」에서는 "주거용 건물의 전부뿐만 아니라 일부의 임대차에 관하여도 적용한다"고 명시하고 있습니다. 따라서 이 경우에도 입주와 전입신고, 확정일자를 받으면 대항력과 우선변제권의 효력이 발생합니다.

≫ 「주택임대차보호법」 제2조(적용 범위)

이 법은 주거용 건물(이하 '주택'이라 한다.)의 전부 또는 일부의 임대차에 관하여 적용한다. 그 임차주택(賃借住宅)의 일부가 주거 외의 목적으로 사용되는 경우에도 또한 같다.

법인 명의로 계약서를 작성한 후 해당 임직원이 입주해도 되나요? ▾ 🔍

Q 저희 회사는 소규모 중소기업으로, 복리후생 차원에서 법인 명

의로 임대차 계약을 체결하고 직원들에게 숙소를 제공하려고 합니다. 이런 경우에도 법의 적용을 받을 수 있나요?

A **네, 가능합니다.** 「주택임대차보호법」은 "주거용 건물의 임대차에 관하여 「민법」에 대한 특례를 규정함으로써 국민의 주거생활의 안정을 목적으로 한다"고 규정하고 있어 법 본래 목적상 자연인인 서민들 주거생활의 안정을 보호하려는 취지에서 마련되었기 때문에 원칙적으로 법인은 해당되지 않습니다. 여기에서 말하는 자연인이란 개인을 말하며, 대한민국 국민, 외국인, 재외국민을 가리킵니다. 다만 예외적으로 「주택임대차보호법」 제3조 2항과 3항에 해당하는 법인이 소속 직원의 주거용으로 주택을 임차한 후 그 법인이 선정한 직원이 해당 주택을 인도받고 주민등록을 마쳤을 때에는 익일 0시에 대항력이 발생합니다. 만약 입주해 있던 직원이 퇴사하고 새로운 직원이 입주했을 경우 새로 입주한 직원 명의로 전입신고와 확정일자를 받으면 그 시점부터 새로이 대항력이 발생합니다.

» 「주택임대차보호법」 제3조(대항력 등)

② 주택도시기금을 재원으로 하여 저소득층 무주택자에게 주거생활 안정을 목적으로 전세임대주택을 지원하는 법인이 주택을 임차한 후 지방자치단체의장 또는 그 법인이 선정한 입주자가 그 주택을 인도받고 주민등록을 마쳤을 때에는 제1항을 준용한다. 이 경우 대항력이 인정되는 법인은 대통령령으로 정한다.

③「중소기업기본법」 제2조에 따른 중소기업에 해당하는 법인이 소속 직원 주거용으로 주택을 임차한 후 그 법인이 선정한 직원이 해당 주택을 인도받고 주민등록을 마쳤을 때에는 제1항을 준용한다. 임대차가 끝나기 전에 그 직원이 변경된 경우에는 그 법인이 선정한 새로운 직원이 주택을 인도받고 주민등록을 마친 다음 날부터 제3자에 대하여 효력이 생긴다.

외국인 친구 명의로 배우자와 함께 입주해도 법의 보호를 받나요? ▾ 🔍

Q 베트남 친구가 1년 정도 국내에 체류할 목적으로 방을 알아보고 있는 중입니다. 외국인 친구 명의로 임대차 계약서를 작성하고 배우자와 함께 입주해도 법의 보호를 받을 수 있나요?

A **네, 가능합니다.** 외국인등록 및 「출입국관리법」에 의거, 90일을 초과해서 국내에 체류하는 외국인은 먼저 외국인등록을 해야 하며, 등록을 한 외국인이 체류지를 변경할 경우 입주하려는 주택에 대한 체류지 변경신고(전입신고)를 하면 주민등록과 동등한 법적 효과를 갖습니다. 본인이나 배우자 또는 자녀가 동일한 방법으로 입주와 주소 이전, 확정일자를 받으면 「주택임대차보호법」의 보호를 받을 수 있습니다.

»「출입국관리법」제2조(정의)

2. '외국인'이란 대한민국의 국적을 가지지 아니한 사람을 말한다.

» 「출입국관리법」 제36조(체류지 변경의 신고)

① 제31조에 따라 등록을 한 외국인이 체류지를 변경하였을 때에는 대통령령으로 정하는 바에 따라 전입한 날부터 14일 이내에 새로운 체류지의 시·군·구 또는 읍·면·동의 장이나 그 체류지를 관할하는 지방출입국, 외국인관서의 장에게 전입신고를 하여야 한다.

» 「재외동포의 출입국과 법적 지위에 관한 법률」(약칭: 재외동포법) 제2조(정의)

이 법에서 '재외동포'란 다음 각 호의 어느 하나에 해당하는 자를 말한다.

1. 대한민국의 국민으로서 외국의 영주권(永住權)을 취득한 자 또는 영주할 목적으로 외국에 거주하고 있는 자(이하 '재외국민'이라 한다.)

2. 대한민국의 국적을 보유하였던 자(대한민국정부 수립 전에 국외로 이주한 동포를 포함한다.) 또는 그 직계비속(直系卑屬)으로서 외국 국적을 취득한 자 중 대통령령으로 정하는 자(이하 '외국국적동포'라 한다.)

» 대법원 2016. 10. 13. 선고 2014다218030, 218047 판결 요지

외국인 또는 외국국적동포가 구 「출입국관리법」(2010. 05. 14. 법률 제10282호로 개정되기 전의 것)이나 구 「재외동포의 출입국과 법적 지위에 관한 법률」(2008. 03. 14. 법률 제8896호로 개정되기 전의 것)에 따라서 한 외국인등록이나 체류지 변경신고 또는 국내 거소신고나 거소 이전신고에 대하여는, 「주택임대차보호법」 제3조 제1항에서 주택 임대차의 대항력 취득 요건으로 규정하고 있는 주민등록과 동일한 법적 효과가 인정된다. 이는 외국인등록이나 국내 거소신고 등이 주민등록과 비교하여 공시기능이 미약하다고 하여 달리 볼 수 없다. 「주택임대차보호법」 제3조 제1항에 의한 대항력 취득의 요건인 주민등록은 임차인 본인뿐 아니라 배우자나 자녀 등 가족의 주민등록도 포함되고, 이러한 법리는 구「재외동포의 출입국과 법적 지위에 관한 법률」(2008.03.14. 법률 제8896호로 개정되기 전의 것)에 의한 재외국민이 임차인인 경우에도 마찬가지로 적용된다. 2015년 1월 22일 시행된 개정 「주민등록법」에 따라 재외국민도 주민등록을 할 수 있게 되기 전까지 재외국민은 주민등록을 할 수도 없고 또한 외국인이 아니어서 구「출입국관리법」(2010.05.14. 법률 제10282호로 개정되기 전의 것) 등에 의한 외국인등록 등도 할 수 없어 「주택임대차보호법」에 의한 대항력을 취득할 방도가 없었다. 이런 점을 감안하면 재외국민이 임대차 계약을 체결하고 동거 가족인 외국인 또는 외국국적동포가 외국인등록이나 국내 거소신고 등을 한 경우와 재외국민의 동거 가족인 외국인 또는 외국국적동포가 스스로 임대차 계약을 체결하고 외국인등록이나 국내 거소신고 등을 한 경우 사이에 법적 보호의 차이를 둘 이유가 없기 때문이다.

》 서울민사지법 1993. 12. 16. 선고 93가합73367 판결 요지

외국인이 주택을 임차하여 「출입국관리법」에 의한 체류지 변경신고를 하였다면 거래의 안전을 위하여 임차권의 존재를 제3자가 명백히 인식할 수 있는 공시의 방법으로 마련된 「주택임대차보호법」 제3조 제1항 소정의 주민등록을 마쳤다고 보아야 한다.

Q 저희 교회 목사님 부부가 새로 부임하셔서 사택을 전세로 알아
보고 있는 중입니다. 임대차 계약서는 교회 명의로 작성하고,
목사님 부부가 입주하면서 전입신고와 확정일자를 받는다면 법의 보호
를 받을 수 있나요?

A **법의 보호를 받을 수 없습니다.**「주택임대차보호법」은 일반 국
민 주거생활의 안정을 취하고자 제정한 법률이며 적용 대상은
개인, 외국인, 일부 중소기업에 해당하는 직원 등으로 한정되어 있습니
다. 따라서 비영리 단체로 분류되는 교회는「주택임대차보호법」의 적용
을 받을 수 없습니다.

TIP 비영리 단체는 법의 보호를 받을 수 없는 바, 보증금에 대해서는 임대인에게 전세권 설정을 요청하는 방법이 있습니다.

무허가·미등기·가건물에 입주해도 문제없나요?

Q 부동산 중개업소에서 월세 계약서를 작성하려고 하는데, 아직
등기가 되어 있지 않은 미등기 다가구주택입니다. 이미 준공은
완료되었고 임시 사용이 승인된 주택이라 바로 입주도 가능하다고 하

는데, 이 경우에도 법의 보호를 받을 수 있나요?

A 네, 법의 보호를 받을 수 있습니다. 「주택임대차보호법」은 「민법」에 대한 특례를 규정함으로써 국민 주거생활의 안정 보장을 목적으로 제정한 법입니다. 「주택임대차보호법」은 임차주택이 가건물인지, 관할 관청의 허가를 받은 건물인지, 등기를 마친 건물인지 아닌지를 구별하고 있지 아니하므로 어느 건물이 주택에 해당하는 이상, 다른 특별한 규정이 없는 한 같은 법의 적용 대상이 됩니다. 따라서 허가 없이 옥상을 증축한 경우, 복층으로 구조 변경을 한 경우, 방 쪼개기 등의 방법으로 방 개수를 늘린 경우에도 실제 거주하면서 전입신고를 득하였다면 「주택임대차보호법」상의 대항력이 인정됩니다.

≫ 대법원 2007. 06. 21. 선고 2004다26133 전원합의체 판결 요지

「주택임대차보호법」은 주택의 임대차에 관하여 「민법」에 대한 특례를 규정함으로써 국민 주거생활의 안정 보장을 목적으로 하고 있고, 주택의 전부 또는 일부의 임대차에 관하여 적용된다고 규정하고 있을 뿐 임차주택이 관할 관청의 허가를 받은 건물인지, 등기를 마친 건물인지 아닌지를 구별하고 있지 아니하므로 어느 건물이 국민 주거생활의 용도로 사용되는 주택에 해당하는 이상, 비록 그 건물에 관하여 아직 등기를 마치지 아니하였거나 등기가 이루어질 수 없는 사정이 있다고 하더라도 다른 특별한 규정이 없는 한 같은 법의 적용 대상이 된다.

대항요건 및 확정일자를 갖춘 임차인과 소액 임차인에게 우선변제권을 인정한 「주택임대차보호법」 제3조의 2 및 제8조가 미등기 주택을 달리 취급하는 특별한 규정을 두고 있지 아니하므로 대항요건 및 확정일자를 갖춘 임차인과 소액 임차인의 임차주택 대지에 대한 우선변제권에 관한 법리는 임차주택이 미등기인 경우에도 그대로 적용된다. 이와 달리 임차주택의 등기 여부에 따라 그 우선변제권의 인정 여부를 달리 해석하는 것은 합리적 이유나 근거 없이 그 적용 대상을 축소하거나 제한하는 것이 되어 부당하고, 「민법」과 달리 임차권의 등기 없이도 대항력과 우선변제권을 인정하는 같은 법의 취지에 비추어 타당하지 아니하다.

다만 소액 임차인의 우선변제권에 관한 같은 법 제8조 제1항이 그 후문에서 "이 경우 임차인은 주택에 대한 경매 신청의 등기 전에" 대항요건을 갖추어야 한다고 규정하고 있으나, 이는 소액 보증금을 배당받을 목적으로 배당 절차에 임박하여 가장 임차인을 급조하는 등의 폐단을 방지하기 위하여 소액 임차인의 대항요건 구비시기를 제한하는 취지이지, 반드시 임차주택과 대지를 함께 경매하여 임차주택 자체에 경매 신청의 등기가 되어야 한다거나 임차주택에 경매 신청의 등기가 가능한 경우로 제한하는 취지는 아니라 할 것이다. 대지에 대한 경매 신청의 등기 전에 위 대항요건을 갖추도록 하면 입법 취지를 충분히 달성할 수 있으므로 위 규정이 미등기 주택의 경우에 소액 임차인의 대지에 관한 우선변제권을 배제하는 규정에 해당한다고 볼 수 없다.

TIP 부동산 중개업자는 공부상에 등재되어 있는 권리 현황뿐만 아니라 등재되어 있지 않은 현황에 대해서도 임차인에게 정확한 정보와 권리 관계를 설명해줘야 향후 법적 문제 발생을 예방할 수 있습니다.

Q 저는 다가구주택 맨 위층에 있는 주인 세대에 전세로 입주하려고 합니다. 현재 내부구조가 변경되어 주거로 사용되고 있는 건물입니다. 주변 시세보다 저렴하고 평수도 넓어 계약을 하려고 합니다. 그런데 건축물대장을 확인한 결과 용도 란에 '사무소'라고 되어 있는데 이런 경우에도 법의 보호를 받을 수 있나요?

A **네, 법의 보호를 받을 수 있습니다.** 「주택임대차보호법」 제2조 소정의 주거용 건물에 해당하는지 여부는 임대차 목적물의 공부(등기부, 건축물대장 등)상의 표시만을 기준으로 할 것이 아니라 그 실지 용도에 따라서 정하여야 한다고 규정하고 있습니다. "건물의 일부가 임대차 목적이 되어 주거용과 비주거용으로 겸용되는 경우에는 구체적인 경우에 따라 그 임대차의 목적, 전체 건물과 임대차 목적물의 구조와 형태 및 임차인의 임대차 목적물의 이용 관계, 그리고 임차인이 그곳에서 일상생활을 영위하는지 여부 등을 아울러 고려하여 합목적적으로 결정하여야 한다"(대법원 1988. 12. 27. 선고 87다카2024 판결)고 판시하여 '주거용 건물'이 아니더라도 실제로 주거의 용도로 사용하고 있다면 「주택임대차보호법」이 적용됩니다. 반대로 외관상 일반 주택이라 하더라도 어린이 공부방이나 학원 등 주 용도를 주거용이 아닌 상업용으로 사용하면 「주택임대차보호법」의 적용을 받지 못할 수도 있음에 주의해야 합니다.

》「주택임대차보호법」 제2조(적용 범위)

이 법은 주거용 건물(이하 '주택'이라 한다.)의 전부 또는 일부의 임대차에 관하여 적용한다. 그 임차주택(賃借住宅)의 일부가 주거 외의 목적으로 사용되는 경우에도 또한 같다.

TIP

임대차 계약 체결 시 임차인은 계약하려고 하는 주택의 건축물대장을 꼼꼼히 살펴봐야 합니다. 공부상에는 용도가 '사무소'라고 되어 있는데 실제 현장을 방문해보면 주거용으로 개조해놓은 곳이 있습니다. 방 개수를 늘리거나 방 크기를 조절하기 위해서 개조해놓은 것입니다. 물론 이 경우에도 임대차 계약 체결 당시 건물의 구조상 주거용으로서의 형태가 실질적으로 갖추어져 있으면 법의 보호는 받습니다. 다만 은행에 전세자금대출 등을 신청했을 때 해당 은행에서 거부될 수 있어 주의를 요합니다.

위임장과 인감증명서의 유효기간이 있나요?

Q   부동산 중개업소에서 아파트 월세 계약을 체결하고 입주하려고 합니다. 임대인은 사정상 올 수 없다고 대리인이 위임 서류를 구비하여 왔습니다. 위임장과 인감증명서가 발급된 지 6개월이 넘었는데, 인감증명서의 유효기간은 발행일로부터 3개월 아닌가요?

A   **계약 체결 시 대리인이 구비하는 인감증명서 그 자체에는 유효기간이 따로 없습니다.** 3개월의 유효기간에 해당하는 서류에는 법원 등기신청서에 첨부하는 인감증명서, 법인등기사항증명서 등이 있

습니다. 또한 주민센터 등에서 인감증명서를 발급 받고자 할 때 본인이 직접 인감증명서를 발급 받기 어려울 경우 대리인을 통해 발급 받을 수 있습니다. 이때 본인 동의서 및 위임장의 유효기간은 그 동의 또는 위임일로부터 기산하여 6개월 이내에 작성된 것이어야 합니다.

≫ 「부동산 등기규칙」 제62조(인감증명 등의 유효기간)

등기신청서에 첨부하는 인감증명, 법인등기사항증명서, 주민등록표등본·초본, 가족관계등록 사항별 증명서 및 건축물대장·토지대장·임야대장 등본은 발행일부터 3개월 이내의 것이어야 한다.

≫ 「인감증명법」 시행령 제13조(인감증명서의 발급)

① 법 제12조 제1항에 따라 인감증명서를 발급 받고자 하는 때에는 본인 또는 그 대리인(17세 이상인 사람에 한한다.)이 인감증명서 발급기관에 신청하여야 한다. 이 경우 대리인이 인감증명서의 발급을 신청할 때에는 별지 제13호 서식, 별지 제13호의 2서식 또는 별지 제13호의 3서식의 인감증명서 발급 위임장(위임자가 재외국민인 경우로서 해외에 체류 중 위임 사실에 대하여 재외공관의 확인을 받은 것을 말한다.)과 함께 위임자 본인[해외 거주(체류)자인 본인이 재외공관의 확인을 받아 위임장을 제출하는 경우와 수감자인 본인이 수감기관의 확인을 받아 위임장을 제출하는 경우는 제외한다.] 및 대리인의 주민등록증 등을 제출하여야 한다.

⑦ 제1항의 규정에 의한 동의서 및 위임장의 유효기간은 그 동의 또는 위임일부터 기산하여 6월로 한다.

본인을 대리하여 계약을 체결하는 대리인이 구비하는 위임장이나 인감증명서에 대한 별도의 유효기간은 없습니다. 다만 발급 받은 지 오래된 인감증명서나 위임장이라면 대리인의 대리권이 계속 유효한지 여부를 소유자(임대인)에게 직접 확인해봐야 할 것입니다.

차임 연체액 2기 또는 3기가 2개월, 3개월을 의미하나요? ▾ | 🔍

Q 저희 부부는 부동산 중개업소를 통해 아파트 월세 계약을 체결했습니다. 계약서를 살펴보니 "임차인의 차임 연체액이 2기의 차임액에 달하면 임대인은 계약을 해지할 수 있다"라고 적혀 있는데, 2기라는 것이 2개월을 의미하는 건가요?

A **월차임 금액을 합산해서 2개월로 보면 됩니다.** 임차인이 월세(차임)를 연체하면 「주택임대차보호법」에 따라 차임 연체액이 2기의 차임액에 달할 때, 「상가건물임대차보호법」에 따라 차임 연체액이 3기의 차임액에 달할 때 임대인은 계약을 해지할 수 있습니다. 여기서 말하는 '기'란 차임을 주는 간격을 말하는 것인데, 대부분의 계약이 보통 월 단위로 이루어지기 때문에 기간이나 월차임의 금액을 합산해서 2개월에 이르면 해지 사유가 된다고 보면 됩니다.

≫ 「민법」 제640조(차임 연체와 해지)

건물, 기타 공작물의 임대차에서 임차인의 차임 연체액이 2기의 차임액에 달하는 때에 임대인은 계약을 해지할 수 있다.

≫ 「주택임대차보호법」 제6조(계약의 갱신)

③ 2기(期)의 차임액(借賃額)에 달하도록 연체하거나 그 밖에 임차인으로서의 의무를 현저히 위반한 임차인에 대하여는 제1항을 적용하지 아니한다.

≫ 「상가건물임대차보호법」 제10조의 8(차임 연체와 해지)

임차인의 차임 연체액이 3기의 차임액에 달하는 때에 임대인은 계약을 해지할 수 있다.

≫ 대법원 2014.07.24. 선고 2012다28486 판결 요지

「상가건물임대차보호법」 제10조 제1항은 "임대인은 임차인이 임대차 기간이 만료되기 6개월 전부터 1개월 전까지 사이에 계약 갱신을 요구할 경우 정당한 사유 없이 거절하지 못한다. 다만 다음 각 호의 어느 하나의 경우에는 그러하지 아니하다"고 규정하면서, 예외 사유의 하나로 제1호에서 '임차인이 3기의 차임액에 해당하는 금액에 이르도록 차임을 연체한 사실이 있는 경우'를 들고 있다.

위 규정의 취지는 상가건물의 임차인에게 계약 갱신 요구권을 부여하여 권리금이나 시설투자비용을 회수할 수 있도록 임차권의 존속을 보장하되, 임차인이 종전 임대차의 존속 중에 3기의 차임액에 해당하는 금액에 이르도록 차임을 연체한 사실이 있는 경우에는 당사자 사이의 신뢰를 기초로 하는 임대차 계약 관계를 더 이상 유지하기 어려우므로 임대인이 임차인의 계약 갱신 요구를 거절할 수 있도록 함으로써 그러한 경우에까지 임차인의 일방적 의사에 의하여 계약 관계가 연장되는 것을 허용하지 아니 한다는 것이다.

한편 「민법」 제640조는 "건물, 기타 공작물의 임대차에는 임차인의 차임 연체액이 2기의 차임액에 달하는 때 임대인은 계약을 해지할 수 있다"고 규정하고 있는데, 이는 차임의 연체를 이유로 임대인이 계약을 해지할 수 있는 근거를 명문화함으로써 임차인에게 차임 지급 의무의 성실한 이행을 요구하는 데 그 취지가 있으므로(대법원 1962. 10. 11. 선고 62다496 판결 참조) 임대인은 임대차 기간이 만료되기 전이라도 해지권을 행사하여 신뢰를 상실한 임차인과 사이의 계약 관계를 더 이상 유지하지 않고 곧바로 계약 관계를 해소할 수 있다.

TIP

차임 연체액 2기 또는 3기란 연속해서 연체한 경우뿐만 아니라 계약 기간 중 여러 달에 걸쳐 조금씩 연체한 금액의 합계가 2개월분, 3개월분에 이르는 경우도 해당됩니다. 한 가지 주의할 점은 해지 당시 합산한 연체 기간은 2기에 달하는데, 연체액의 합계가 2기에 달하지 못했다면 해지 사유가 되지 않습니다. 「주택임대차보호법」 및 「상가건물임대차보호법」은 상대적으로 불리한 임차인을 위한 편면적 강행규정이 대부분이라서 임차인에게 불리한 약정을 하는 것은 무효입니다. 임대차 보증금을 적게 받았다고 해서 특약사항에 "차임 연체액이 1기의 차임액에 달할 때 임대인은 계약을 해지할 수 있다"라는 조항을 넣는 것은 무효입니다(반대로 해석하면 임차인에게 유리한 조항은 유효입니다).

Q 임대차 계약서 작성 시 임대인이 사정상 올 수 없고, 부동산 사장님이 임대인 건물의 관리를 맡고 있어 위임장 없이 계약서를 작성한다고 합니다. 이럴 경우 임대인의 위임장 없이 그냥 부동산 중개업소하고 계약서를 작성해도 될까요?

A **필요한 위임 서류를 받고 대리 여부를 확인해야 합니다.** 부동산 중개업자의 말만 믿고 정당한 대리권이 있는지 여부를 확인 없이 계약했다가 추후에 낭패를 보는 일이 발생할 수 있습니다. 부동산 중개업소에서 건물에 대한 관리 위임을 받았다 하더라도 부동산 등기사항전부증명서상의 소유자와 직접 계약을 해야 합니다. 만약 임대인의 사정상 대리인과 계약하고자 할 경우에는 임대인의 인감증명서, 인감도장이 날인된 위임장, 대리인의 신분증 등을 확인해야 합니다. 또한 임대인과 직접 통화하여 대리인에게 위임한 사실이 있는지 여부 등을 확인한 후(통화한 사실을 녹음해두면 추후 법적 문제 발생 시 증거자료로 활용 가능)에 보증금 등은 임대인의 계좌로 직접 송금해야 합니다.

🏠
TIP 가끔 언론보도를 통해 중개업자에 의한 중개 사고 소식을 접합니다. 건물주로부터 임대차 계약 체결 및 보증금 수령 등 건물 관리업무 일체를 위임받은 개업공인중개사가 전세 계약 체결 후 건물주에게는 월세 계약을 체결한 것처럼 위장하고 거액을 챙겨 도주하는 사건도 있었습니다. 따라서 계약서 작성 후 보증금 및 월차임 등은 건물주의 계좌로 입금해야 안전합니다.

Q 임대차 계약서 작성 시 대리인이 임대인의 위임장, 인감증명서 등의 서류를 구비했다면 법적으로 아무런 문제가 없는 건가요?

A **서류의 유무가 법적으로 필수 불가분의 요건은 아닙니다.** 본인의 사정으로 인해 대리인에게 대리권을 부여했을 때 대리인에게 진정한 대리권이 있느냐 없느냐가 중요한 요소이지, 서류의 존재 유무가 법률 행위의 필수 불가분의 요소는 아닙니다. 법원 판례도 "인감증명서와 위임장이 있더라도 반드시 대리권이 있다고 단정할 수는 없다"라고 판시하고 있습니다. 물론 위임 서류 없이 진정한 대리 여부를 확인하는 것보다는 필요 서류를 받아놓는 것이 향후 법적인 문제 발생 시 중요한 근거자료가 될 것입니다. 따라서 계약을 체결할 때에는 위임인의 인감이 날인된 위임장, 인감증명서, 등기필 정보(특히 매매 계약 시 중요) 등의 서류와 함께 위임인과 직접 통화하고, 계약금 등 일체의 돈은 위임인의 계좌로 직접 송금하는 것이 안전합니다.

Q 부동산 중개업소에서 임대차 계약서를 작성하려고 합니다. 임대차 존속 기간 산정 시 초일불산입을 적용한다는데 무슨 말인가요?

A 임차인이 입주하는 날을 기준으로 계약 종료일을 언제로 할 것
인지 산정할 때 적용하는 기준일입니다.

≫ 초일산입인 경우(연령 계산 시, 근로일 계산 시 등)

예) 1년 계약: 2018. 01. 01. 0시부터 2018. 12. 31. 자정까지

≫ 초일불산입인 경우

예) 1년 계약: 2018. 01. 01. 정오부터 2019. 01. 01. 정오까지

≫ 「민법」 제157조(기간의 기산점)

기간을 일, 주, 월 또는 연으로 정한 때에 기간의 초일은 산입하지 아니한다.

그러나 그 기간이 오전 0시로부터 시작하는 때에는 그러하지 아니하다.

TIP
「민법」에서는 초일불산입을 원칙으로 하고 있습니다. 계약서를 작성할 때 거래 당
사자 간에 협의하여 결정하면 됩니다.

계약이 파기되어도 부동산 중개 보수를 지급해야 하나요? ▼ Q

Q 임대차 계약 시 계약금만 지급된 상태에서 거래 당사자 일방의
변심으로 계약이 파기된 경우에도 개업공인중개사에게 부동산
중개 보수를 지급해야 하나요?

A 　개업공인중개사의 과실 없이 계약이 무효·취소 또는 해약되어
도 중개 보수는 지급해야 합니다. 개업공인중개사는 계약 불이
행에 따른 책임을 지지 않습니다. 물론 개업공인중개사의 고의나 과실
로 인해 계약이 파기되었다면 중개 보수 청구권은 발생하지 않습니다.
또한 중개 보수는 어느 일방이 아닌 양당사자(쌍방)가 각각 지불합니다.
계약이 파기되어도 파기 책임이 있는 일방만 지급하는 것이 아니라 양
당사자가 각각 지불해야 합니다.

>> 「공인중개사법」 제32조(중개 보수 등)

① 개업공인중개사는 중개 업무에 관하여 중개 의뢰인으로부터 소정의 보수
　를 받는다. 다만 개업공인중개사의 고의 또는 과실로 인하여 중개 의뢰인
　간의 거래 행위가 무효·취소 또는 해제된 경우에는 그러하지 아니하다.

TIP

　어떠한 이유로 계약이 파기되었든 계약금을 지급한 일방이 부동산 중개 보수까지
　지급한다면 무척 억울할 수도 있습니다. 따라서 개업공인중개사 중에는 중개 보
　수 일부를 감액해주는 경우도 있습니다.

확정일자와 전세권 설정 등기의 차이점이 뭔가요?　　▼　Q

Q 　전세 보증금 1억 원으로 임대차 계약을 하려고 합니다. 전세권
설정은 비용이 많이 든다고 들었는데, 꼭 전세권 설정을 해야 하
는 건가요? 전세권 설정과 확정일자의 차이점은 무엇인가요?

A 보증금을 지키는 안전장치로 전세권 설정 등기와 확정일자를 떠올릴 수 있는데, 각각의 제도는 신청 절차와 비용, 혜택의 범위 등이 서로 다릅니다. 따라서 꼼꼼히 비교해보고 본인에게 맞는 방법을 선택하면 됩니다.

» 확정일자

① 전입신고와 함께 실제 거주해야만 법의 보호를 받을 수 있다.

② 신분증, 임대차 계약서 원본 등을 지참하고 건물 소재지 주민센터나 등기소 등에서 손쉽게 받을 수 있고, 수수료(600원)도 저렴하며, 임대인의 동의를 받을 필요가 없다. 임대차 계약의 대부분(약 90% 정도)이 확정일자제도를 이용하며, 임차한 건물이 경매에 넘어가면 순위에 따라 배당을 받게 되는데 물권인 전세권 설정과 동일하게 취급된다.

③ 계약 기간 만료 후 임대인이 보증금을 돌려주지 않을 경우 보증금 반환 청구소송을 통해서 확정 판결문을 구비하여 경매를 신청할 수 있다(확정 판결을 받을 때까지 수개월에서 길게는 1년 이상이 걸릴 수도 있다).

④ 경매 실행 시 임차인은 별도의 배당 요구를 해야 하며, 토지와 건물을 합한 금액에서 보증금 반환을 해준다.

＊확정일자(確定日字): 법원이나 해당 동사무소 등에서 주택 임대차 계약을 체결한 날짜를 확인해주기 위해 임대차 계약서 여백에 그 날짜가 찍힌 도장을 찍어주는데, 이 날짜를 확정일자라고 한다. 바로 그날에 그러한 문서가 존재하고 있음을 공식적으로 확인하는 날짜증명이다. 확정일자를 받아놓으면 물권화되어 일반채권보다 우선해서 변제를 받을 수 있음은 물론이고, 후순

위 담보물권자보다 우선적으로 보증금을 변제받을 수 있도록 한 제도다.

≫ 전세권 설정

① 전세권 설정이 되어 있으면 실제 거주하지 않거나 전입신고를 하지 않아 도 되므로 주로 직원들 숙소로 방을 얻는 법인 등이 이용하는 제도다.

② 임대인의 협력 없이는 설정이 불가능하고, 절차도 복잡하다. 또한 확정일 자제도에 비해 비용도 많이 들어간다.

③ 경매 실행 시 별도의 배당 요구 없이 순위에 의해 배당을 받으며, 건물에 대한 전세권 설정만 한 경우 건물 가액에 대해서만 보증금 반환을 해준다.

④ 임대차 계약 기간이 만료되어 묵시적 갱신이 되면 전세권도 갱신된 것으 로 볼 수 있는 바, 별도의 기간 연장은 필요치 않다.

월세가 밀렸다고 임대인이 전기·수도까지 끊어도 되나요? ▼ Q

Q 보증금 100만 원, 월세 30만 원, 계약 기간 1년의 조건으로 거주 하고 있는 임차인입니다. 월세가 몇 개월 밀렸다고 임대인이 무 단으로 전기하고 수도를 다 끊었는데, 이래도 되는 건가요?

A **임대인은 형사 처벌을 받을 수 있음에 주의해야 합니다.** 임대인 이 건물 공사나 임차료 연체를 이유로 단수 조치를 하거나 전기 를 끊는 일이 종종 있습니다. 물이나 전기를 끊는 행위는 충분히 납득

할 만한 이유가 있어야 하며, 임차료를 몇 개월 안 냈다고 무리하게 물을 끊으면 형사 처벌(수도불통죄, 水道不通罪)을 받을 수 있습니다. 형법상 수도를 망가뜨리거나 다른 방법으로 공급을 막는 경우 1년~10년형에 처하게 되어 있습니다.

≫ 「형법」 제195조(수도 불통)

공중의 음용수를 공급하는 수도, 기타 시설을 손괴, 기타 방법으로 불통하게 한 자는 1년 이상 10년 이하의 징역에 처한다.

≫ 「형법」 제197조(예비, 음모)

제195조의 죄를 범할 목적으로 예비 또는 음모한 자는 2년 이하의 징역에 처한다.

TIP

계약서 작성 시 임차인의 직업, 경제적 상황, 월세 지불능력 등을 종합적으로 판단해 월세를 연체 없이 지불할 능력이 있는지 판단해야 합니다. 임차인이 보증금을 수개월 동안 안 내고 버틸 경우에는 잘 달래서 내보내거나 불가능할 경우 명도소송 등을 통해 신속히 내보내는 게 최선의 방법입니다(제3장 제2절 20번 참조).

전전세와 전대차의 차이점과 계약 체결 시 주의할 점은 뭔가요? ▾

Q 전전세와 전대차의 차이점은 무엇인지, 계약 체결 시 주의할 점은 무엇인지 궁금합니다.

A　전전세와 전대차는 기존의 임차인이 새로운 임차인(전차인)에게 전세 또는 월세로 다시 세를 놓는다는 상황만을 볼 때에는 같아 보이지만, 이 둘은 엄연히 다릅니다.

» 전전세(轉傳貰)

① 건물주(임대인)의 동의가 필요 없다(계약서 특약사항에 전전세를 금지한다는 내용이 있으면 불가).

② 전세권자의 전세권에 다시 전세권을 설정해야 전전세의 효력이 발생한다.

③ 전전세의 보증금은 기존 전세 보증금을 넘을 수 없다.

④ 전전세로 인해 해당 주택에 하자가 발생할 시 기존 임차인이 책임을 진다.

⑤ 전세권자의 계약 기간이 만료되면 전전세의 계약도 만료된다.

» 전대차(轉貸借)

① 건물주(임대인)의 동의가 반드시 필요하다. 동의 없이 입주한 경우 임대인은 기존 임차인과의 계약을 해지하고 새로 입주한 전차인을 내보낼 수 있다. 다만 임차인이 일부분만 전대차하는 경우에는 임대인의 동의를 요하지 않는다.

② 임대인이 전대차에 동의한 경우, 임대인과 임차인의 합의로 계약을 종료한 경우에도 전차인의 권리는 소멸하지 않는다.

③ 임대인이 전차인에게 해지 통고를 하는 경우에는 6개월 이후에 효력이 발생한다.

>> 「민법」 제306조(전세권의 양도, 임대 등)

전세권자는 전세권을 타인에게 양도 또는 담보로 제공할 수 있고, 그 존속 기간 내에서 그 목적물을 타인에게 전전세 또는 임대할 수 있다. 그러나 설정 행위로 이를 금지한 때에는 그러하지 아니하다.

>> 「민법」 제308조(전전세 등의 경우의 책임)

전세권의 목적물을 전전세 또는 임대한 경우 전세권자는 전전세 또는 임대하지 아니하였으면 면할 수 있는 불가항력으로 인한 손해에 대하여 그 책임을 부담한다.

>> 「민법」 제631조(전차인의 권리의 확정)

임차인이 임대인의 동의를 얻어 임차물을 전대한 경우 임대인과 임차인의 합의로 계약을 종료한 때에도 전차인의 권리는 소멸하지 아니한다.

>> 「민법」 제632조(임차 건물의 소부분을 타인에게 사용케 하는 경우)

전 3조의 규정은 건물의 임차인이 그 건물의 소부분을 타인에게 사용하게 하는 경우에는 적용하지 아니한다.

>> 「민법」 제638조(해지 통고의 전차인에 대한 통지)

① 임대차 계약이 해지의 통고로 인하여 종료된 경우 그 임대물이 적법하게 전대되었을 때에는 임대인이 전차인에 대하여 그 사유를 통지하지 아니하면 해지로써 전차인에게 대항하지 못한다.

② 전차인이 전 항의 통지를 받은 때에는 제635조 제2항의 규정을 준용한다.

임차인(전대인)이 월세를 연체해 계약이 파기되면 전차인의 운명은? ▼ 🔍

Q 저는 임차인과 전대차 계약을 체결하여 월세로 살고 있는 전차인입니다. 전대인이 월세를 연체하여 계약이 파기됐다는 통지를 임대인으로부터 받았는데, 이 경우 제 계약도 해지되는 건가요?

A **네, 전차인의 계약도 해지됩니다.** 전대인의 차임 연체로 인하여 임대차 계약이 해지된 경우 전차인에 대하여 그 사유를 통지하지 않더라도 해지로써 전차인에게 대항할 수 있고, 해지의 의사표시가 임차인에게 도달한 즉시 임대차 관계는 해지로 종료됩니다.

≫ 「민법」 제640조(차임 연체와 해지)

건물, 기타 공작물의 임대차에는 임차인의 차임 연체액이 2기의 차임액에 달하는 때에는 임대인이 계약을 해지할 수 있다.

≫ 대법원 2012. 10. 11. 선고 2012다55860 판결 요지

「민법」 제638조 제1항, 제2항 및 제635조 제2항에 의하면 임대차 계약이 해지통고로 인하여 종료된 경우 그 임대물이 적법하게 전대되었을 때에는 임대인이 전차인에 대하여 그 사유를 통지하지 아니하면 해지로써 전차인에게 대항하지 못하고, 전차인이 통지를 받은 때에는 토지, 건물, 기타 공작물에 대하여 임대인이 해지를 통고한 경우에는 6월, 임차인이 해지를 통고한 경우에는 1월, 동산에 대하여는 5일이 경과하면 해지의 효력이 생긴다. 하지만 「민법」 제640조에 터 잡아 임차인의 차임 연체액이 2기의 차임액에 달함에 따라 임대인이 임대차 계약을 해지하는 경우에는 전차인에 대하여 그 사유를 통지하지 않더라도 해지로써 전차인에게 대항할 수 있고, 해지의 의사표시가 임차인에게 도달하는 즉시 임대차 관계는 해지로 종료된다.

보증금의 전부 또는 일부를 월세로 바꾸는 '월차임 전환율'이란? ▾ 🔍

Q 보증금 1억 원에 계약 기간 2년으로 전세를 살고 있는 세입자입니다. 조그만 식당을 운영하고 있는데 요새 경기가 어려워 보증금 1억 원 중 5천만 원을 돌려받는 대신 월세로 내기로 했습니다. 이 경우 매월 월세는 얼마를 내야 하나요?

A **매월 20만 8천 원 정도를 월세로 내면 됩니다.** 보증금의 전부 또는 일부를 월 단위의 임대료로 전환하는 비율을 '월차임 전환율'이라고 하며 2016년 11월 말부터 일부 개정되어 서민들의 월세 부담이 많이 줄어들었습니다. 개정 이후 적용되는 월차임 전환율 상한선은 '한국은행 기준금리(현재1.5%)+3.5%=5%'입니다. 사례자의 경우 월세액은 '(전세 보증금-월세 보증금)×월차임 전환율'을 12개월로 나누면 됩니다.

즉, '5,000만 원×5%÷12=약 20만 8천 원' 정도를 월세로 내면 됩니다.

» 「주택임대차보호법」제7조의 2(월차임 전환 시 산정율의 제한)

보증금의 전부 또는 일부를 월 단위의 차임으로 전환하는 경우 그 전환되는 금액에 다음 각 호 중 낮은 비율을 곱한 월차임(月借賃)의 범위를 초과할 수 없다.

① 「은행법」에 따른 은행에서 적용하는 대출금리와 해당 지역의 경제 여건 등을 고려하여 대통령령으로 정하는 비율

② 한국은행에서 공시한 기준금리에 대통령령으로 정하는 이율을 더한 비율

» 「주택임대차보호법」 시행령 제9조(월차임 전환 시 산정율)

① 법 제7조의 2 제1호에서 '대통령령으로 정하는 비율'이란 연 1할을 말한다.

② 법 제7조의 2 제2호에서 '대통령령으로 정하는 이율'이란 연 3.5퍼센트를 말한다.

TIP

월차임 전환율의 적용 범위는 신규 계약이나 재계약에는 해당되지 않고, 단지 '계약 기간 중'에만 적용되어 한계가 있습니다. 또 실제 부동산 현장에서는 법에 적용된 비율보다 높게 산정하고 있는 것이 현실입니다.

※ 현재 상가에 적용되는 월차임 전환율 상한선은 6.75%입니다.

부동산 상식의 폭을
넓히는 기회가 되기를!

📍 이 책이 임대차 분쟁 해결의 지침서가 되기를 바랍니다.

지난 10여 년 동안 부동산 현업에 종사하면서 겪었던 경험과 지식을 이 책 한 권에 오롯이 녹여내고자 노력했습니다. 딱딱한 법률용어들을 기계적으로 나열하지 않고 현실적인 사례를 들어 정리했습니다.

📍 임대차 분쟁 발생 시 목차를 먼저 참고하세요.

임대차 분쟁이 발생하면 먼저 이 책의 목차를 보고 필요한 정보를 찾으시면 됩니다. 틈날 때마다 이 책을 가까이하면 부동산 상식의 폭이 확장되는 것을 느끼실 수 있을 겁니다. 동시대를 사는 많은 임대인들과 임차인들이 적대적인 관계가 아니라 상생하는 관계로 발전하기를 기원합니다.

📍 내 집 마련의 꿈에 보탬이 되기를 바랍니다.

이제 막 사회에 첫발을 내딛은 사회초년생, 방을 구하려고 하는 예비 임차인, 전·월세를 통해 내 집 마련의 꿈을 간직하고 계신 분, 허리 한번 펴지 못하고 노년의 황혼기까지 내 집 한 칸 없이 지내시는 분들이 있습니다. 모든 분들의 종자돈이 월세가 되고, 월세가 전세되고, 전세가 내 집 마련의 꿈으로 이어지는 데 이 책이 조금이나마 도움이 되기를 간절히 소망해봅니다.

감사합니다!

부록

임대차 관련 기본상식
용어 정리

1) 임대차(賃貸借) 당사자의 일방(임대인)이 상대방(임차인)에게 어떤 목적물을 사용·수익할 수 있게 하고, 상대방이 그 대가로 차임을 지급할 것을 약정함으로써 성립한다.

2) 임대인(건물주, 집주인) 임대차 계약에 있어서 당사자의 일방으로서의 상대방, 즉 임차인에 대하여 목적물을 사용·수익하기로 약정한 자를 말한다.

3) 임차인(세입자) 임대차 계약에서 돈을 내고 물건을 빌려 쓰는 사람을 말한다.

4) 전대차(轉貸借) 임차인이 임차물을 다시 제3자(전차인)에게 재임대하는 경우를 말하며, 임차권의 양도와는 구별된다. 임차인·임대인 간의 임대 관계는 여전히 존속하면서 임차인·전차인 간에 새로이 임대차 관계가 발생하게 된다. 그리고 임차인이 전대차를 할 때에는 임대인의 동의를 얻

어야 하며, 동의 없이 전대를 하면 임대인은 임대차를 해지할 수 있다.

5) 전대인(이전 임차인) 전대차에서 다시 세놓는 사람을 말하며, 임차인을 말한다.

6) 전차인(새로 들어오는 임차인) 전대차에서 전대인의 상대방, 즉 임차인과 새로이 계약을 체결하고 들어가는 임차인을 말한다.

7) 보증금 장래 발생할지도 모르는 채무를 담보하기 위하여 특정한 관계에 있는 사람 사이에 교부되는 금전. 예를 들면 전세 또는 월세 계약 시 임차인이 임대인에게 교부하는 금전 등의 유가물을 말한다.

8) 월세(임대료·임차료·차임) 부동산 임대차에 있어서 매월 또는 약정한 단위로 지불하는 사용·수익의 대가를 말한다.

9) 보증부월세(반전세) 집이나 방을 빌려 쓰는 대가로 보증금을 건 후 추가적으로 매월 지급하는 돈을 말한다.

10) 중개 보수 예전 중개 수수료의 새 이름. 부동산 등의 매매나 임대차 계약에서 중개하는 개업공인중개사 등에게 지급하는 금전 등의 유가물을 말한다.

11) 필요비(必要費) 부동산을 유지·보수하는 데 필요한 유지비 및 수리 비용을 말한다.

예 수도, 보일러, 전기시설 등 집의 주요 구조부에 해당하는 설비의 수리비는 임차인이 먼저 지출하고 임대인(집주인)에게 청구 가능하다.

12) 유익비(有益費) 필요비는 아니지만, 물건을 개량하여 그 물건의 가치를 증가시키는 비용을 말한다. 예컨대 건물에 이중창, 방범창을 달기 위한 비용, 토지 개량에 소요되는 비용 등을 말한다. 설치 시 사전에 임

대인과 협의가 필요하며, 만기 후 임대인에게 매수를 청구할 수 있다.

13) 전세권 설정 임대인과 임차인이 임대차 계약에서 당사자 간 합의에 따라 전세권을 설정하기로 계약을 체결하는 것. 반드시 등기를 해야만 효력이 발생한다. 또 임차인은 임대인의 동의 없이 강제로 전세권을 설정할 수 없다.

14) 확정일자 계약서를 작성한 그 날짜에 임대차 계약서가 존재한다는 사실을 증명하기 위해 공신력 있는 기관이 계약서에 확인도장을 찍어주고 확정일자부의 번호를 계약서상에 기재하는 것을 말한다. 일반적으로 주택은 전입신고와 동시에 주민자치센터(동사무소)를 이용하며, 상가·사무실 등은 세무서에서 사업자 등록을 할 때 신청한다.

15) 대항력(對抗力) 이미 유효하게 성립한 권리 관계를 제3자가 부인하는 경우에 그것을 물리칠 수 있는 법률상의 권능을 말한다. 즉, 일단 성립한 권리 관계를 타인에게 주장할 수 있는 힘이다. 임대차 계약에서 임차인이 주택의 인도(입주)와 주민등록을 마치면 익일 0시부터 대항력이 발생한다고 한다.

16) 최우선변제권 주택 임대차 계약 관계에 있어 경제적 약자인 임차인(세입자)을 보호하기 위하여 일반법(「민법」)보다 상위에 존재하는 특별법(「주택임대차보호법」)을 통하여 임차인의 최소한의 권리를 보장하는 차원에서 소액 보증금만큼은 최우선적으로 임차인에게 변제해준다는 것이다.

17) 우선변제권 「주택임대차보호법」상 임차인이 보증금을 우선변제받을 수 있는 권리를 말한다. 임차인이 확정일자를 받은 경우 임차주택이

경매·공매에 붙여졌을 때 그 경락 대금에서 다른 후순위 권리자보다 먼저 배당을 받을 수 있는 권리를 말한다.

18) 계약금 부동산을 사고팔거나 임대차 계약을 체결할 때 약정의 표시로 상대방에게 지급하는 금전 등을 말한다. 부동산 거래에서는 거래 금액의 10% 정도의 계약금을 계약할 때 상대방에게 지급하는 것이 관례다.

19) 중도금 부동산을 사고팔 때 거래 약정금액의 10% 정도를 지급하는 계약금 다음에 2차로 약정금액의 약 반액을 지급하는 금액을 말한다. 「민법」(562조 해약금)에서는 중도금을 지급하면 '당사자의 한쪽이 이행에 착수한 행위'로 보아 매도인이 계약을 해지할 수 있는 것으로 본다.

20) 잔금 총 금액에서 계약금과 중도금을 공제한 나머지 금액을 말한다.

21) 해약금 계약을 체결할 때 당사자의 일방이 상대방에게 지급하는 금전 등의 유가물을 말한다. 당사자가 계약의 해제권을 유보하는 의미를 가지는 계약금을 교부한 자는 그것을 포기함으로써, 그리고 이 계약금을 받은 자는 그 배액을 상환함으로써 언제든지 계약을 해제할 수 있다(「민법」 565조). 「민법」의 계약금은 원칙적으로 해약금의 성질을 가지는 것으로 정하고 있다.

22) 위약금 계약의 채무를 이행하지 못할 때 채무자가 채권자에게 치러야 할 것으로 미리 약정한 금액을 말한다.

23) 묵시적 갱신 임대인과 임차인 상호 간에 갱신 거절의 통지 없이 계약이 자동연장 된 경우 임대차 계약은 동일한 조건으로 자동갱신 된 것으로 간주하는데, 이를 묵시적 갱신이라고 한다. 묵시적 갱신이 된 경우라도 임차인은 언제든지 계약 해지를 통지할 수 있으며, 통지 이후 3개월

이 지나면 바로 효력이 발생한다. 이 경우 임대인에게는 적용되지 않는다. 즉, 해지권은 임차인에게만 부여된 권리다.

24) 재계약 계약서를 새로 작성하는 경우뿐만 아니라 기존의 계약에 조건 변경(금액이나 기간)을 하는 것 등을 포함하는 포괄적인 개념이다. 보통 재계약 시 금액 변경이 없으면 재계약서를 다시 작성할 필요가 없으나 금액 변경 시에는 새로운 계약서를 작성하든지, 별지를 사용하든지, 계약서 특약사항에 금액 변경을 명기하여야 한다.

25) 상가건물 임차인 계약 갱신 요구권 임대인은 임차인이 임대차 기간 만료 6개월 전부터 1개월 전 사이에 계약 갱신을 요구하면 정당한 사유 없이 거절하지 못하며, 임차인의 계약 갱신 요구권은 최초의 임대차 기간을 포함한 전체 임대차 기간이 5년을 초과하지 않는 범위 내에서만 행사할 수 있다. 갱신되는 임대차는 전 임대차와 동일한 조건으로 다시 계약된 것으로 본다.

26) 임차권 등기명령 임차인의 권리를 보호하기 위한 제도의 하나로서 임대차 계약이 종료된 이후 임차인이 전세금을 돌려받지 못하고 이주할 경우 임차인이 임차건물의 소재지를 관할하는 지방법원·지방법원지원 또는 시·군법원에 신청하여 촉탁등기가 완료되면 임차된 주택에 살지 않고 주민등록을 옮기더라도 대항력을 유지할 수 있고, 경매가 진행되는 경우 전세금을 우선하여 돌려받을 수 있다.

27) 등기사항전부증명서 예전 등기부등본의 새 이름. 부동산의 권리 관계와 권리 객체인 부동산의 상황을 기재하는 공적 장부다. 토지등기부와 건물등기부의 두 가지가 있으며 표제부(부동산의 소재지와 그 현황이

나와 있음), 갑구(소유권 및 소유권 관련 권리 관계/예: 가등기, 가처분, 압류, 가압류, 예고등기, 경매 등), 을구(소유권 이외의 권리 관계/예: 저당권, 전세권, 지역권, 지상권 등)를 표시한다.

28) 건축물대장 건축물의 위치·면적·구조·용도·층수 등 건축물의 표시에 관한 사항과 건축물 소유자의 성명·주소·소유권 지분 등 소유자 현황에 관한 사항을 등록하여 관리하는 대장을 말한다.

29) 토지대장 토지의 소재·지번·지목·면적, 소유자의 주소·주민등록번호·성명 또는 명칭 등을 등록하여 토지의 상황을 명확하게 하는 장부다.

30) 토지이용계획 확인원 「토지이용규제 기본법」에 근거한 토지의 이용용도를 확인하는 문서로서, 부동산 개발 시 토지에 대한 각종 규제와 허가 가능한 용도를 확인하는 가장 기본적인 서류이며, 신청인 인적 사항과 신청 토지의 소재지 및 면적 등이 표기된다.

31) 임야대장 임야의 현황 파악을 위하여 법원에 있는 부동산 등기사항 증명서와는 따로 시·군·구청에 비치되어 있는 공부를 말한다.

32) 중개 대상물 확인·설명서 부동산 중개업자가 중개를 의뢰받으면 중개가 완성되기 전에 중개 대상물의 권리를 취득하고자 하는 중개 의뢰인에게 중개 대상물 확인·설명서에 기재된 사항을 성실·정확하게 설명하고 해당 내용을 기재하여 서명·날인한 후 거래 당사자에게 교부하고 그 사본을 3년간 보존해야 한다.

33) 공제증서 공제가입자(중개업자)가 가입한 공제 기간 중 발생한 중개사고로 인하여 손해를 입은 중개 의뢰인들이 협회로부터 보상받을 수 있음을 확인하는 증서다.

34) 근저당 앞으로 생길 채권의 담보로 저당권을 미리 설정하는 행위를 말한다. 저당권은 채무자가 채무를 이행하지 못할 때에 대비하여 미리 특정 부동산을 담보물로 저당 잡아둔 채권자가 그 담보에 대하여 다른 채권자에 우선해서 변제 받을 수 있는 권리다. 등기사항전부증명서 을구에 표시된다.

35) 가압류 채무자의 재산을 압류하여 현상을 보전하고, 변경을 금지하여 장래의 강제집행을 보전하는 절차. 금전채권이나 금전으로 환산할 수 있는 채권을 말한다. 채무자가 재산을 임의로 처분하지 못하도록 등기사항전부증명서 갑구에 기재한다.

36) 가처분 금전채권 이외의 채권을 말한다. 채무자가 재산을 임의로 처분하지 못하도록 등기사항전부증명서 갑구에 기재한다.

37) 가등기 부동산 물권인 소유권·지상권·지역권·전세권·저당권과 권리질권 및 임차권의 권리에 변동을 일으킬 수 있는 청구권이 있는 사람의 보호를 위한 일시적이고 예비적인 보전수단으로서의 등기를 말한다. 후에 본등기를 하면 그 대항력은 가등기 시에 소급하여 가등기 후 제3자의 본등기보다 우선하게 된다. 가처분이나 가등기가 기재되어 있는 부동산을 임차할 때에는 가처분권자 또는 가등기권자의 동의를 받아야 하므로 계약에 신중을 기하여야 한다.

38) 경매 주로 일반 채권자의 요청에 의해 법원이 채무자의 물건을 매각하는 방식으로, 투자 대부분이 공매보다는 경매를 통해 이루어진다. (「민사집행법」 적용)

39) 강제경매 채권자가 채무자를 상대로 승소 판결을 받았는데도 채무

자가 빚을 갚지 않을 때 채권자가 채무자의 부동산을 압류하고 매각하여 그 매각 대금으로 빚을 받아내는 절차다.

40) 임의경매 보통 은행에서 해당 부동산에 근저당권을 설정해둔 경우나, 전세권자가 해당 부동산에 전세권을 설정해둔 상태에서 채무자가 채무를 이행하지 않을 때 담보의 목적물을 경매로 매각한 다음, 그 매각 대금에서 다른 채권자보다 먼저 채권을 회수하는 강제집행 절차다.

41) 공매 정부·지방자치단체·세무서·공공기관 등이 한국자산관리공사(캠코)를 통해서 매각을 진행한다. 매각기관에서 최저입찰가를 정하고 참가자 중 가장 높은 금액을 제시한 사람이 낙찰 받는 방식이다. 최고가 입찰자가 2명 이상일 경우에는 무작위 추첨을 통해 낙찰자가 정해진다. 정부나 지방자치단체 소유의 다양한 매물을 저렴한 가격에 살 수 있다는 것이 장점이다. 비교적 소액으로도 투자가 가능하고, 상대적으로 저평가된 것들이 많다. (『국세징수법』 적용)

42) 명도소송 경매를 통해 부동산을 낙찰 받고 대금을 지급한 후 6개월이 지났음에도 인도명령 대상자 등이 부동산의 인도를 거절할 때 매수인이 관할 법원에 부동산을 명도(건물을 비워 넘겨줌)해달라고 제기하는 소송이다. 승소 판결을 받게 되면 강제로 점유자를 내보낼 수 있다. 계약 기간 중 임차인이 계약의 해지 사유에 해당하거나 만기 후에도 임차인이 집을 비워주지 않을 경우에 제기한다.

43) 임의규정 당사자의 의사·태도에 의해 그 적용이 어느 한도까지는 배제·완화될 수 있는 규정을 말하며, '임의법규'라고도 한다.

44) 강행규정 당사자 상호 간 의사의 합치에도 불구하고 강제적으로 적

용되는 규정을 말한다. '강행법규'라고도 하며, 계약 조항이 법의 규정보다 현저히 임차인에게 불리한 경우 효력이 없다는 규정이다.

45) 개업공인중개사 공인중개사 자격증을 취득하고, 사업자 등록 후에 부동산 중개업을 하는 사람을 말한다.

46) 소속공인중개사 개업공인중개사에게 소속된 공인중개사(개업공인중개사인 법인의 사원 또는 임원으로서 공인중개사인 자를 포함한다.)로서 중개 업무를 수행하거나 개업공인중개사의 중개 업무를 보조하는 자를 말한다. (「공인중개사법」 제2조 제5호)

47) 공인중개사 「공인중개사의 업무 및 부동산 거래 신고에 관한 법률」에 따라 공인중개사 자격을 취득한 자를 말한다.

48) 중개보조원 공인중개사가 아닌 자로서 개업공인중개사에 소속되어 중개 대상물에 대한 현장 안내 및 일반서무 등 개업공인중개사의 중개 업무와 관련된 단순한 업무를 보조하는 자를 말한다. (「공인중개사법」 제2조 제6호) 중개보조원은 어떠한 법률 행위도 할 수 없으며, 단순한 업무 보조만 할 수 있다.

49) 계약의 해제 유효하게 성립된 계약을 당사자 일방의 의사표시에 의하여 계약이 처음부터 존재하지 않았던 것과 같은 상태로 만드는 것을 말한다. 계약의 해제는 계약을 해제할 수 있는 권리를 갖는 자만이 할 수 있다.

50) 계약의 해지 당사자 일방의 의사표시에 의하여 계약의 효력을 장래에 향하여 소멸케 하는 것을 말한다. 해지는 임대차 계약, 계속적 공급 계약과 같이 계속적 계약에서만 가능하다. 계약 해지도 계약 해제와 같

이 계약 해지권을 갖는 자만이 계약을 해지할 수 있다. 해지는 소급효과가 없으므로 해제와 같은 원상회복의 의무가 없고, 계약이 해지되어도 계약이 해지되기 전에 발생된 권리 의무 관계는 소멸하지 않는다.

51) **부속물 매수 청구권** 타인의 부동산을 이용하면서 그 부동산에 부속시킨 물건이 있을 경우 계약 종료 시 그 부속물을 매수해달라고 전세권설정자 또는 임대인에게 청구할 수 있는 권리다.

52) **주택임대차보호법** 국민 주거생활의 안정을 보장할 목적으로 주거용 건물의 임대차에 관하여 「민법」에 대한 특례를 규정한 법률이다.

53) **상가건물임대차보호법** 상가건물 임대차에 관해 「민법」에 대한 특례를 규정함으로써 국민 경제생활 안정을 보장하기 위해 제정한 법이다.

54) **권리금** 주로 상가 등을 빌리는 사람(차주:借主)이 빌려주는 사람(대주:貸主)에게 내는 임차료(일시금) 외에, 빌리는 사람이 앞에 빌려서 살던 사람(전차주:前借主)에게 내는 관행상의 금전을 말한다. 권리금은 가게 등에서 흔히 있는 것으로, 장사가 잘되어 돈을 벌 것을 기대하며 내는 돈이다. 전차주가 요구하는 권리금은 대상 부동산에 부설한 설비나 개량 비용, 장사가 잘되어 수익이 보장되는 보이지 않는 대가(代價) 등이 포함된다. 차주는 전 차주에게 지급한 권리금을 대주(건물주)에게 달라고(청구) 할 수 없다. 이것은 그 부동산이 발생시키는 특수한 장소의 이익 대가로서 별도로 내는 것이다. 권리금은 그곳의 영업시설·비품 등 유형물이나 거래처, 신용, 영업상의 노하우 또는 점포 위치에 따른 영업상의 이점 등 무형의 재산적 가치의 양도 또는 일정 기간 동안의 이용 대가다.

55) 양벌규정(兩罰規定) 위법 행위에 대하여 행위자를 처벌하는 것 외에 그 업무의 주체인 법인 또는 개인도 함께 처벌하는 규정을 말한다. 부동산 중개업에서 보조원 또는 소속공인중개사의 과실이 발생할 경우 행위자 외에 개업공인중개사도 처벌을 받는다. 이는 추정규정이 아닌 간주규정으로 본다.

▶ **간주(看做)규정**: 일종의 법의 의제로서 그 사실이 진실이냐 아니냐를 불문하고 권위적으로 그렇다고 단정해버리고, 거기에 일정한 법적 효과를 부여하는 것을 의미한다.

56) 전속 중개 계약 부동산을 매도(임대) 또는 매수(임차)하려는 고객이 특정한 중개업자를 정하여 그 중개업자에 한하여 당해 중개 대상물을 중개하도록 하는 계약을 말한다.

57) 집행권원(執行權原) 법원의 판결문, 공정증서, 지급명령, 화해조서, 인낙조서 등으로 강제집행 할 수 있는, 법원으로부터 받은 결정문을 말한다.

58) 사용대차(무상) 당사자 일방이 상대방에게 무상으로 사용·수익하게 하기 위해 목적물을 인도할 것을 약정하고 상대방은 이를 사용·수익한 후 그 물건을 반환할 것을 약정함으로써 그 효력이 생긴다.

임대차 관련 서식 및 법령

▶ **주택 임대차 계약서(표준)**

□ 보증금 있는 월세 □전세 □월세

주택 임대차 계약서

임대인(이름 또는 법)과 임차인(이름 또는 법)은 아래와 같이 임대차 계약을 체결한다.

[임차주택의 표시]

소 재 지	(도로명주소)				
토 지	지목		면적		㎡
건 물	구조·용도		면적		㎡
임차할 부분	상세 주소가 있는 경우 동·층·호 정확히 기재		면적		㎡

미납 국세	선순위 확정일자 현황	확정일자 부여란
□ **없음** (임대인 서명 또는 날인 ㉑) □ **있음**(중개 대상물 확인·설명서 제2쪽 Ⅱ.개업공인중개사 세부 확인사항 '⑨ 실제 권리 관계 또는 공시되지 않은 물건의 권리사항'에 기재)	□ **해당 없음** (임대인 서명 또는 날인 ㉑) □ **해당 있음**(중개 대상물 확인·설명서 제2쪽 Ⅱ.개업공인중개사 세부 확인사항 '⑨ 실제 권리 관계 또는 공시되지 않은 물건의 권리사항'에 기재)	확정일자 부여란

유의사항: 미납 국세 및 선순위 확정일자 현황과 관련하여 개업공인중개사는 임대인에게 자료 제출을 요구할 수 있으나, 세무서와 확정일자 부여기관에 이를 직접 확인할 법적 권한은 없습니다.

※ 미납 국세, 선순위 확정일자 현황 확인 방법은 '별지' 참조

[계약 내용]

제1조(보증금과 차임) 위 부동산의 임대차에 관하여 임대인과 임차인은 합의에 의하여 보증금 및 차임을 아래와 같이 지불하기로 한다.

보증금	금	원정(₩)				
계약금	금	원정(₩)은 계약 시에 지불하고 영수한다. 영수자 (인)				
중도금	금	원정(₩)은	년	월	일에 지불한다.	
잔금	금	원정(₩)은	년	월	일에 지불한다.	
차임(월세)	금	원정은 매월 일에 지불한다.(입금 계좌:)				

제2조(임대차 기간) 임대인은 임차주택을 임대차 목적대로 사용·수익할 수 있는 상태로 _____년 _____월 _____일까지 임차인에게 인도하고, 임대차 기간은 인도일로부터 _____년 _____월 _____일까지로 한다.

제3조(입주 전 수리) 임대인과 임차인은 임차주택의 수리가 필요한 시설물 및 비용 부담에 관하여 다음과 같이 합의한다.

수리 필요 시설	□ 없음 □ 있음(수리할 내용:)
수리 완료 시기	□ 잔금 지급 기일인 년 월 일까지 □ 기타 ( )
약정한 수리 완료 시기까지 미수리한 경우	□ 수리비를 임차인이 임대인에게 지급하여야 할 보증금 또는 차임에서 공제 □ 기타( )

제4조(임차주택의 사용·관리·수선)

① 임차인은 임대인의 동의 없이 임차주택의 구조 변경 및 전대나 임차권 양도를 할 수 없으며, 임대차 목적인 주거 이외의 용도로 사용할 수 없다.

② 임대인은 계약 존속 중 임차주택을 사용·수익에 필요한 상태로 유지하여야 하고 임차인은 임대인이 임차주택의 보존에 필요한 행위를 하는 때 이를 거절하지 못한다.

③ 임대인과 임차인은 계약 존속 중에 발생하는 임차주택의 수리 및 비용 부담에 관하여 다음과 같이 합의한다. 다만 합의되지 아니한 기타 수선 비용에 관한 부담은 「민법」 판례, 기타 관습에 따른다.

임대인 부담	(예컨대 난방, 상·하수도, 전기시설 등 임차주택의 주요 설비에 대한 노후·불량으로 인한 수선은 「민법」 제623조, 판례상 임대인이 부담하는 것으로 해석됨)
임차인 부담	(예컨대 임차인의 고의·과실에 기한 파손, 전구 등 통상의 간단한 수선, 소모품 교체 비용은 「민법」 제623조, 판례상 임차인이 부담하는 것으로 해석됨)

④ 임차인이 임대인의 부담에 속하는 수선 비용을 지출한 때에는 임대인에게 그 상환을 청구할 수 있다.

제5조(계약의 해제) 임차인이 임대인에게 중도금(중도금이 없을 때에는 잔금)을 지급하기 전까지 임대인은 계약금의 배액을 상환하고, 임차인은 계약금을 포기하고 이 계약을 해제할 수 있다.

제6조(채무 불이행과 손해배상) 당사자 일방이 채무를 이행하지 아니하는 때에는 상대방은 상당한 기간을 정하여 그 이행을 최고하고 계약을 해제할 수 있으며, 그로 인한 손해배상을 청구할 수 있다. 다만 채무자가 미리 이행하지 아니할 의사를 표시한 경우의 계약 해제는 최고를 요하지 아니한다.

제7조(계약의 해지)

① 임차인은 본인의 과실 없이 임차주택의 일부가 멸실, 기타 사유로 인하여 임대차의 목적대로 사용할 수 없는 경우에는 계약을 해지할 수 있다.

② 임대인은 임차인이 2기의 차임액에 달하도록 연체하거나 제4조 제1항을 위반한 경우 계약을 해지할 수 있다.

제8조(계약의 종료) 임대차 계약이 종료된 경우에 임차인은 임차주택을 원래의 상태로 복구하여 임대인에게 반환하고, 이와 동시에 임대인은 보증금을 임차인에게 반환하여야 한다. 다만 시설물의 노후화나 통상 생길 수 있는 파손 등은 임차인의 원상복구 의무에 포함되지 아니한다.

제9조(비용의 정산)

① 임차인은 계약 종료 시 공과금과 관리비를 정산하여야 한다.

② 임차인은 이미 납부한 관리비 중 장기수선충당금을 소유자에게 반환 청구할 수 있다. 다만 관리사무소 등 관리 주체가 장기수선충당금을 정산하는 경우에는 그 관리주체에게 청구할 수 있다.

제10조(중개 보수 등) 중개 보수는 거래 가액의 _____%인 _____원 (□ 부가가치세 포함 □ 불포함)으로 임대인과 임차인이 각각 부담한다. 다만 개업공인중개사의 고의 또는 과실로 인하여 중개 의뢰인 간의 거래 행위가 무효·취소 또는 해제된 경우에는 그러하지 아니하다.

제11조(중개 대상물 확인·설명서 교부) 개업공인중개사는 중개 대상물 확인·설명서를 작성하고 업무보증관계증서(공제증서 등) 사본을 첨부하여 _____년 _____월 _____일 임대인과 임차인에게 각각 교부한다.

[특약사항]

상세 주소가 없는 경우 임차인의 상세 주소 부여 신청에 대한 소유자 동의 여부
(□ 동의   □ 미동의)

※ 기타 임차인의 대항력·우선변제권 확보를 위한 사항, 관리비·전기료 납부방법 등 특별히 임대인과 임차인이 약정할 사항이 있으면 기재

【대항력과 우선변제권 확보 관련 예시】

"주택을 인도받은 임차인은 _____년 _____월 _____일까지 주민등록(전입신고)과 주택임대차 계약서상 확정일자를 받기로 하고, 임대인은 _____년 _____월 _____일(최소한 임차인의 위 약정일자 이틀 후부터 가능)에 저당권 등 담보권을 설정할 수 있다"는 등 당사자 사이 합의에 의한 특약 가능

본 계약을 증명하기 위하여 계약 당사자가 이의 없음을 확인하고 각각 서명·날인 후 임대인, 임차인, 개업공인중개사는 매 장마다 간인하여 각각 1통씩 보관한다.

년   월   일

	주 소								서명
임대인	주민등록번호			전 화		성 명			또는 날인 ㊞
	대 리 인	주소		주민등록번호		성 명			
	주 소								서명
임차인	주민등록번호			전 화		성 명			또는 날인 ㊞
	대 리 인	주소		주민등록번호		성 명			
중개업자	사무소 소재지				사무소 소재지				
	사무소 명칭				사무소 명칭				
	대 표	서명및날인		㊞	대 표	서명및날인			㊞
	등 록 번 호		전화		등 록 번 호			전화	
	소속 공인중개사	서명및날인		㊞	소속 공인중개사	서명및날인			㊞

위 임 장

위임인(위임하는 자)

성명:

주민등록번호:

주소:

전화:

수임인(위임받는 자)

성명:

주민등록번호:

주소:

전화:

위임자와의 관계:

상기 위임인은 수임인에게 아래 사항을 위임하며, 위임 사실을 증명하기 위해 인감증명서를 첨부함과 동시에 동일한 인감도장을 날인합니다.

위임사항

위 부동산의 □매매 □전세 □월세에 대하여 계약을 포함하는 일체의 행위

첨부: 인감증명서 1부. 끝.

위임일자: 2018년   월   일

위임인 :   (인)

귀중

내 용 증 명

제   목: 임대차 계약 해지 및 보증금 반환 요청

발 신 인: 허임차
　　　　주소 세종시 조치원읍 행복길 00아파트 201호

수 신 인: 조임대
　　　　주소 세종시 도담로 행운길 00

1. 본인은 2016년 4월 1일 귀하 소유의 아파트에 대하여 아래와 같이 임대차 계약을 체결한 바 있습니다.

- 아   래 -

목적물 주소: 세종시 조치원읍 행복길 00아파트 201호
임차 보증금: 금 1억 원
임대차 기간: 2016년 5월 1일부터 2018년 5월 1일까지

2. 본인이 귀하에게 임차한 위 주소지 주택의 계약 기간이 2018년 5월 1일로 종료하게 되어 이사 가려고 합니다. 만기일에 보증금 1억 원을 돌려주시기를 요청합니다. 감사합니다.

2018년 3월 1일

위 발신인 허임차

내 용 증 명

제 목: 임대차 계약 해지 및 건물 명도 요청

발 신 인: 이임대
　　　　주소 서울시 00로 00길 00
수 신 인: 박임차
　　　　주소 서울시 00로 00길 00 관악원룸 201호

1. 발신인은 귀하와 2017년 4월 1일 본인 소유의 주택에 대하여 아래와 같이 임대차 계약을 체결한 바 있습니다

- 아   래 -

목적물 주소: 서울시 00로 00길 00 관악원룸 201호
임차 보증금: 금 2,000,000원
월 임대료: 금 400,000원
임대차 기간: 2017년 5월 1일부터 2018년 5월 1일까지

2. 귀하는 위 계약에 따라 입주 시 보증금 2,000,000원과 월차임 400,000원을 지급해왔습니다.
3. 그런데 2017년 10월분 월차임부터 아무런 사유 없이 지급하지 않아, 본인은 귀하에게 체납 임대료를 지급해줄 것을 수차례에 걸쳐 전화, 문자 등을 통하여 독촉한 바 있습니다.
4. 그럼에도 불구하고 귀하는 체납 임대료를 지급하지 않고 있어 본인은 귀하에게 서면으로 임대차 계약서[「부동산 임대차 계약법」 제4조(계약의 해지)] 해지 조항에 따라 해지를 통지합니다. 본 서면을 받는 즉시 위 건물을 명도하여주시고, 밀린 임대료 3개월분 1,200,000원을 2018년 1월 20일까지 지급해주시기 바랍니다. 만일 위 기한 내 건물 명도 및 체납 임대료를 입금하지 않으면 본인은 부득이 법적 조치를 하겠으니 양지하시기 바랍니다.

2018년 1월 10일

위 발신인 이임대

내 용 증 명

제　목: 누수로 인한 주택 임대차 계약 해지 및 보증금 반환 청구

발 신 인: 최임차
　　　　주소 서울시 00로 00길 00 해피빌 301호

수 신 인: 오임대
　　　　주소 인천시 00로 00길 00

1. 본인은 귀하 소유인 서울시 00로 00길 해피빌 301호에 대해 보증금 2,000,000원, 월차임 300,000원, 계약 기간 1년(2017.02.01.~2018.02.01.) 조건으로 거주하고 있는 임차인입니다.

2. 본인이 위 주소지로 입주한 지 2개월도 지나지 않아 천장에서 누수가 심하게 발생하고 벽면에 심한 곰팡이가 피었습니다. 이로 인해 가전 및 가구 등이 손상되어 거주하기에 상당한 지장을 초래하고 있습니다.

3. 손상된 부분에 대해 빨리 수리해줄 것을 귀하에게 수차례 요청했으나 차일피일 미루기만 하고 이제 와서는 세입자가 알아서 하라는 등 전혀 시정이 안 되고 있습니다.

4. 임대인은 계약 존속 중 임차주택을 사용·수익에 필요한 상태로 유지하게 해야 할 의무(「민법」 제623조)가 있음에도 불구하고 전혀 조치가 이루어지지 않고 있어 계약 해지를 통보하오니 보증금 및 이사 비용, 부동산 중개 보수 등 총 3,000,000원을 2017.04.30.까지 반환해주실 것을 요구합니다.

5. 만약 위 기한까지 반환해주지 않을 경우에는 임차 보증금 반환소송 및 손해배상 등을 청구할 예정임을 알려드립니다.

2017년 4월 20일

위 발신인 최임차

소액 보증금 범위 및 최우선변제금액

(2016.03.31. 개정)

저당권 설정일	대상 지역	소액 보증금 적용 범위	최우선변제 보증금
1984.01.01 ~ 1987.11.30.	특별시, 광역시	300만 원 이하	300만 원
	기타 지역	200만 원 이하	200만 원
1987.12.01. ~ 1990.02.18.	특별시, 광역시	500만 원 이하	500만 원
	기타 지역	400만 원 이하	400만 원
1990.02.19. ~ 1995.10.18.	특별시, 광역시	2,000만 원 이하	700만 원
	기타 지역	1,500만 원 이하	500만 원
1995.10.19 ~ 2001.09.14.	특별시, 광역시	3,000만 원 이하	1,200만 원
	기타 지역	2,000만 원 이하	800만 원
2001.09.15. ~ 2008.08.20.	수도권 중 과밀억제권역	4,000만 원 이하	1,600만 원
	광역시(군 제외)	3,500만 원 이하	1,400만 원
	그 외 지역	3,000만 원 이하	1,200만 원
2008.08.21. ~ 2010.07.25.	수도권 중 과밀억제권역	6,000만 원 이하	2,000만 원
	광역시(군 제외)	4,000만 원 이하	1,700만 원
	그 외 지역	4,000만 원 이하	1,400만 원
2010.07.26. ~ 2013.12.31.	서울특별시	7,500만 원 이하	2,500만 원
	수도권 중 과밀억제권역	6,500만 원 이하	2,200만 원
	광역시(군 제외) 안산, 용인, 김포, 광주 포함	5,500만 원 이하	1,900만 원
	그 외 지역	4,000만 원 이하	1,400만 원
2014.01.01. ~ 2016.03.30.	서울특별시	9,500만 원 이하	3,200만 원
	수도권 중 과밀억제권역	8,000만 원 이하	2,700만 원
	광역시(군 제외) 안산, 용인, 김포, 광주 포함	6,000만 원 이하	2,000만 원
	그 외 지역	4,500만 원 이하	1,500만 원
2016.03.31. ~	서울특별시	1억 원 이하	3,400만 원
	수도권 중 과밀억제권역	8,000만 원 이하	2,700만 원
	광역시(군 제외) 안산, 용인, 김포, 광주 포함	6,000만 원 이하	2,000만 원
	세종시	6,000만 원 이하	2,000만 원
	그 외 지역	5,000만 원 이하	1,700만 원

※ 1. 기준 시점은 담보물권(저당권, 근저당권, 가등기담보권 등) 설정일자 기준임
 (대법원 2001다84824 판결 참조)

 2. 배당 요구의 종기까지 배당 요구를 하여야 함

 3. 경매 개시 결정의 등기 전에 대항요건(주택 인도 및 주민등록)을 갖추어야 하고, 배당 요구의 종기까지 대항력을 유지해야 함

 4. 주택 가액(대지의 가액 포함)의 1/2에 해당하는 금액까지만 우선변제 받음(「주택임대차보호법」 제8조)

적용 범위 및 일정액의 범위

(2018.01.26. 적용)

기준 시점	지역	적용 범위	임차인 보증금 범위	보증금 중 일정액의 범위
2014.01.01.~	서울특별시	4억 원 이하	6,500만 원 이하	2,200만 원
	수도권정비계획법에 따른 수도권 중 과밀억제권역 (서울시 제외)	3억 원 이하	5,500만 원 이하	1,900만 원
	광역시(수도권정비계획법에 따른 과밀억제권역에 포함된 지역과 군 지역 제외), 안산시, 용인시, 김포시 및 광주시	2억 4천만 원 이하	3,800만 원 이하	1,300만 원
	그 밖의 지역	1억 8천만 원 이하	3,000만 원 이하	1,000만 원
2018.01.26~	서울특별시	6억 1천만 원 이하	6,500만 원 이하	2,200만 원
	수도권정비계획법에 따른 과밀억제권역 (서울특별시 제외)	5억 원 이하	5,500만 원 이하	1,900만 원
	부산광역시(기장군 제외)	5억 원 이하	3,800만 원 이하	1,300만 원
	부산광역시(기장군)	5억 원 이하	3,000만 원 이하	1,200만 원
	광역시(수도권정비계획법에 따른 과밀억제권역에 포함된 지역과 군 지역, 부산광역시 제외), 안산시, 용인시, 김포시 및 광주시	3억 9천만 원 이하	3,800만 원 이하	1,300만 원
	세종특별자치시, 파주시, 화성시	3억 9천만 원 이하	3,000만 원 이하	1,000만 원
	그 밖의 지역	2억 7천만 원 이하	3,000만 원 이하	1,000만 원

※ 1. 기준 시점은 담보물권(저당권, 근저당권, 가등기담보권 등) 설정일자 기준임

   (대법원 2001다84824 판결 참조)

2. 배당 요구의 종기까지 배당 요구를 하여야 함

3. 경매 개시 결정의 등기 전에 대항요건(건물 인도 및 사업자등록)을 갖추어야 하고, 배당의 종기까지 대항력을 유지해야 함

4. 임대건물 가액(임대인 소유의 대지 가액 포함)의 1/2에 해당하는 금액까지만 우선변제받음(「상가건물임대차보호법」제14조)

서울특별시 부동산 중개 보수 요율표

주택(주택의 부속 토지, 주택 분양권 포함) 『서울특별시 주택 중개 보수 등에 관한 조례』 제2조, 별표1)

(2016.03.31. 개정)

거래 내용	거래 금액	상한 요율	한도액	중개 보수 요율 결정	거래 금액 산정
매매·교환	5천만 원 미만	1,000분의 6	25만 원	중개 보수는 거래 금액×상한 요율 이내에서 결정 (단, 이때 계산된 금액은 한도액을 초과할 수 없음)	매매: 매매 가격 교환: 교환 대상 중 가격이 큰 중개 대상물 가격
	5천만 원 이상~2억 원 미만	1,000분의 5	80만 원		
	2억 원 이상~6억 원 미만	1,000분의 4	없음		
	6억 원 이상~9억 원 미만	1,000분의 5	없음		
	9억 원 이상	1,000분의 ( ) 이내		상한 요율 1,000분의 9 이내에서 개업공인중개사가 정한 좌측의 상한 요율 이내에서 중개 의뢰인과 개업공인중개사가 서로 협의하여 결정함	
임대차 등 (매매·교환 이외)	5천만 원 미만	1,000분의 5	20만 원	중개 보수는 거래 금액×상한 요율 이내에서 결정 (단, 이때 계산된 한도액을 초과할 수 없음)	전세: 전세금 월세: 보증금+ (월차임액×100) 단, 이때 계산된 금액이 5천만 원 미만일 경우: 보증금+(월차임액×70)
	5천만 원 이상~1억 원 미만	1,000분의 4	30만 원		
	1억 원 이상~3억 원 미만	1,000분의 3	없음		
	3억 원 이상~6억 원 미만	1,000분의 4	없음		
	6억 원 이상	1,000분의 ( ) 이내		상한 요율 1,000분의 8 이내에서 개업공인중개사가 정한 좌측의 상한 요율 이내에서 중개 의뢰인과 개업공인중개사가 서로 협의하여 결정함	

* 분양권의 거래 금액 계산: [거래 당시까지 불입한 금액(융자 포함)+프리미엄]×상한 요율

오피스텔 『공인중개사법』 시행규칙 제20조 제4항)

(2015.01.06. 시행)

적용 대상	거래 내용	상한 요율	보수 요율 결정 및 거래 금액 산정
전용면적 85㎡ 이하, 일정 설비(전용 입식 부엌, 전용수세식 화장실 및 목욕시설 등)를 모두 갖춘 경우	매매·교환	1,000분의 5	『주택』과 같음
	임대차 등	1,000분의 4	
위 적용 대상 외의 경우	매매·교환·임대차 등	1,000분의 ( ) 이내	상한 요율 1,000분의 9 이내에서 개업공인중개사가 정한 좌측의 상한 요율 이내에서 중개 의뢰인과 개업공인중개사가 서로 협의하여 결정함

주택·오피스텔 외(토지, 상가 등) 『공인중개사법』 시행규칙 제20조 제4항)

거래 내용	상한 요율	중개 보수 요율 결정	거래 금액 산정
매매·교환·임대차 등	거래 금액의 1,000분의 ( ) 이내	상한 요율 1,000분의 9 이내에서 개업공인중개사가 정한 좌측의 상한 요율 이내에서 중개 의뢰인과 개업공인중개사가 서로 협의하여 결정함	『주택』과 같음

* 개업공인중개사는 '주택의 매매·교환 9억 원 이상', '오피스텔(전용면적 85㎡ 이하로 일정 설비를 갖춘 경우 제외)', '주택·오피스텔 외(토지·상가 등)의 매매·교환·임대차'에 대하여 각각 법이 정한 상한 요율의 범위 안에서 실제로 받고자 하는 상한 요율을 의무적으로 위 표에 명시하여야 함
* 위 중개 보수에 '부가가치세'는 별도임

[시행 2017.05.30.]
[법률 제14175호, 2016.05.29. 일부 개정]

제1조(목적) 이 법은 주거용 건물의 임대차(賃貸借)에 관하여 「민법」에 대한 특례를 규정함으로써 국민 주거생활의 안정을 보장함을 목적으로 한다.

[전문 개정 2008.03.21.]

제2조(적용 범위) 이 법은 주거용 건물(이하 '주택'이라 한다.)의 전부 또는 일부의 임대차에 관하여 적용한다. 그 임차주택(賃借住宅)의 일부가 주거 외의 목적으로 사용되는 경우에도 또한 같다.

[전문 개정 2008.03.21.]

제3조(대항력 등) ❶ 임대차는 그 등기(登記)가 없는 경우에도 임차인(賃借人)이 주택의 인도(引渡)와 주민등록을 마친 때에는 그 다음 날부터 제3자에 대하여 효력이 생긴다. 이 경우 전입신고를 한 때에 주민등록이 된 것으로 본다.

❷ 주택도시기금을 재원으로 하여 저소득층 무주택자에게 주거생활 안정을 목적으로 전세임대주택을 지원하는 법인이 주택을 임차한 후 지방자치단체의 장 또는 그 법인이 선정한 입주자가 그 주택을 인도받고 주민등록을 마쳤을 때에는 제1항을 준용한다. 이 경우 대항력이 인정되는 법인은 대통령령으로 정한다. 〈개정 2015.01.06.〉

❸ 「중소기업기본법」 제2조에 따른 중소기업에 해당하는 법인이 소속 직원

의 주거용으로 주택을 임차한 후 그 법인이 선정한 직원이 해당 주택을 인도받고 주민등록을 마쳤을 때에는 제1항을 준용한다. 임대차가 끝나기 전에 그 직원이 변경된 경우에는 그 법인이 선정한 새로운 직원이 주택을 인도받고 주민등록을 마친 다음 날부터 제3자에 대하여 효력이 생긴다. 〈신설 2013.08.13.〉

❹ 임차주택의 양수인(讓受人, 그 밖에 임대할 권리를 승계한 자를 포함한다.)은 임대인(賃貸人)의 지위를 승계한 것으로 본다. 〈개정 2013.08.13.〉

❺ 이 법에 따라 임대차의 목적이 된 주택이 매매나 경매의 목적물이 된 경우에는 「민법」 제575조 제1항·제3항 및 같은 법 제578조를 준용한다. 〈개정 2013.08.13.〉

❻ 제5항의 경우에는 동시 이행의 항변권(抗辯權)에 관한 「민법」 제536조를 준용한다.

〈개정 2013.08.13.〉 [전문 개정 2008.03.21.]

제3조의 2(보증금의 회수) ❶ 임차인(제3조 제2항 및 제3항의 법인을 포함한다. 이하 같다.)이 임차주택에 대하여 보증금 반환 청구소송의 확정 판결이나 그 밖에 이에 준하는 집행권원(執行權原)에 따라서 경매를 신청하는 경우에는 집행 개시(執行開始) 요건에 관한 「민사집행법」 제41조에도 불구하고 반대 의무(反對義務)의 이행이나 이행의 제공을 집행 개시의 요건으로 하지 아니한다. 〈개정 2013.08.13.〉

❷ 제3조 제1항·제2항 또는 제3항의 대항요건(對抗要件)과 임대차 계약증서 (제3조 제2항 및 제3항의 경우에는 법인과 임대인 사이의 임대차 계약증서를 말한다.) 상의 확정일자(確定日字)를 갖춘 임차인은 「민사집행법」에 따른 경매 또는 「국

세징수법」에 따른 공매(公賣)를 할 때에 임차주택(대지를 포함한다.)의 환가대금(換價代金)에서 후순위 권리자(後順位權利者)나 그 밖의 채권자보다 우선하여 보증금을 변제(辨濟)받을 권리가 있다. 〈개정 2013.08.13.〉

❸ 임차인은 임차주택을 양수인에게 인도하지 아니하면 제2항에 따른 보증금을 받을 수 없다.

❹ 제2항 또는 제7항에 따른 우선변제의 순위와 보증금에 대하여 이의가 있는 이해관계인은 경매법원이나 체납처분청에 이의를 신청할 수 있다. 〈개정 2013.08.13.〉

❺ 제4항에 따라 경매법원에 이의를 신청하는 경우에는 「민사집행법」 제152조부터 제161조까지의 규정을 준용한다.

❻ 제4항에 따라 이의 신청을 받은 체납처분청은 이해관계인이 이의 신청일부터 7일 이내에 임차인 또는 제7항에 따라 우선변제권을 승계한 금융기관 등을 상대로 소(訴)를 제기한 것을 증명하면 해당 소송이 끝날 때까지 이의가 신청된 범위에서 임차인 또는 제7항에 따라 우선변제권을 승계한 금융기관 등에 대한 보증금의 변제를 유보(留保)하고 남은 금액을 배분하여야 한다. 이 경우 유보된 보증금은 소송의 결과에 따라 배분한다. 〈개정 2013.08.13.〉

❼ 다음 각 호의 금융기관 등이 제2항, 제3조의 3 제5항, 제3조의 4 제1항에 따른 우선변제권을 취득한 임차인의 보증금 반환 채권을 계약으로 양수한 경우에는 양수한 금액의 범위에서 우선변제권을 승계한다. 〈신설 2013.08.13., 2015.1.6., 2016.05.29.〉

1. 「은행법」에 따른 은행

2. 「중소기업은행법」에 따른 중소기업은행

3. 「한국산업은행법」에 따른 한국산업은행

4. 「농업협동조합법」에 따른 농협은행

5. 「수산업협동조합법」에 따른 수협은행

6. 「우체국예금·보험에 관한 법률」에 따른 체신관서

7. 「한국주택금융공사법」에 따른 한국주택금융공사

8. 「보험업법」 제4조 제1항 제2호 라목의 보증보험을 보험종목으로 허가받은 보험회사

9. 「주택도시기금법」에 따른 주택도시보증공사

10. 그 밖에 제1호부터 제9호까지에 준하는 것으로서 대통령령으로 정하는 기관

❽ 제7항에 따라 우선변제권을 승계한 금융기관 등(이하 '금융기관 등'이라 한다.)은 다음 각 호의 어느 하나에 해당하는 경우에는 우선변제권을 행사할 수 없다. 〈신설 2013.08.13.〉

1. 임차인이 제3조 제1항·제2항 또는 제3항의 대항요건을 상실한 경우

2. 제3조의 3 제5항에 따른 임차권 등기가 말소된 경우

3. 「민법」 제621조에 따른 임대차 등기가 말소된 경우

❾ 금융기관 등은 우선변제권을 행사하기 위하여 임차인을 대리하거나 대위하여 임대차를 해지할 수 없다. 〈신설 2013.08.13.〉

[전문 개정 2008.03.21.]

제3조의 3(임차권 등기명령) ❶ 임대차가 끝난 후 보증금이 반환되지 아니한 경우 임차인은 임차주택의 소재지를 관할하는 지방법원·지방법원지원 또는 시·군법원에 임차권 등기명령을 신청할 수 있다. 〈개정 2013.08.13.〉

❷ 임차권 등기명령의 신청서에는 다음 각 호의 사항을 적어야 하며, 신청의 이유와 임차권 등기의 원인이 된 사실을 소명(疏明)하여야 한다. 〈개정

2013.08.13.⟩

1. 신청의 취지 및 이유

2. 임대차의 목적인 주택(임대차의 목적이 주택의 일부분인 경우에는 해당 부분의 도면을 첨부한다.)

3. 임차권 등기의 원인이 된 사실(임차인이 제3조 제1항·제2항 또는 제3항에 따른 대항력을 취득하였거나 제3조의 2 제2항에 따른 우선변제권을 취득한 경우에는 그 사실)

4. 그 밖에 대법원 규칙으로 정하는 사항

❸ 다음 각 호의 사항 등에 관하여는 「민사집행법」 제280조 제1항, 제281조, 제283조, 제285조, 제286조, 제288조 제1항·제2항 본문, 제289조, 제290조 제2항 중 제288조 제1항에 대한 부분, 제291조 및 제293조를 준용한다. 이 경우 '가압류'는 '임차권 등기'로, '채권자'는 '임차인'으로, '채무자'는 '임대인'으로 본다.

1. 임차권 등기명령의 신청에 대한 재판

2. 임차권 등기명령의 결정에 대한 임대인의 이의 신청 및 그에 대한 재판

3. 임차권 등기명령의 취소 신청 및 그에 대한 재판

4. 임차권 등기명령의 집행

❹ 임차권 등기명령의 신청을 기각(棄却)하는 결정에 대하여 임차인은 항고(抗告)할 수 있다.

❺ 임차인은 임차권 등기명령의 집행에 따른 임차권 등기를 마치면 제3조 제1항·제2항 또는 제3항에 따른 대항력과 제3조의 2 제2항에 따른 우선변제권을 취득한다. 다만 임차인이 임차권 등기 이전에 이미 대항력이나 우선변제권을 취득한 경우에는 그 대항력이나 우선변제권은 그대로 유지되며, 임차권 등기 이후에는 제3조 제1항·제2항 또는 제3항의 대항요건을 상실하더라도

이미 취득한 대항력이나 우선변제권을 상실하지 아니한다. 〈개정 2013.08.13.〉

❻ 임차권 등기명령의 집행에 따른 임차권 등기가 끝난 주택(임대차의 목적이 주택의 일부분인 경우에는 해당 부분으로 한정한다.)을 그 이후에 임차한 임차인은 제8조에 따른 우선변제를 받을 권리가 없다.

❼ 임차권 등기의 촉탁(囑託), 등기관의 임차권 등기 기입(記入) 등 임차권 등기명령을 시행하는 데에 필요한 사항은 대법원 규칙으로 정한다. 〈개정 2011.04.12.〉

❽ 임차인은 제1항에 따른 임차권 등기명령의 신청과 그에 따른 임차권 등기와 관련하여 든 비용을 임대인에게 청구할 수 있다.

❾ 금융기관 등은 임차인을 대위하여 제1항의 임차권 등기명령을 신청할 수 있다. 이 경우 제3항 · 제4항 및 제8항의 '임차인'은 '금융기관 등'으로 본다. 〈신설 2013.08.13.〉

[전문 개정 2008.03.21.]

제3조의 4(「민법」에 따른 주택 임대차 등기의 효력 등) ❶ 「민법」 제621조에 따른 주택 임대차 등기의 효력에 관하여는 제3조의 3 제5항 및 제6항을 준용한다.

❷ 임차인이 대항력이나 우선변제권을 갖추고 「민법」 제621조 제1항에 따라 임대인의 협력을 얻어 임대차 등기를 신청하는 경우에는 신청서에 「부동산등기법」 제74조 제1호부터 제5호까지의 사항 외에 다음 각 호의 사항을 적어야 하며, 이를 증명할 수 있는 서면(임대차의 목적이 주택의 일부분인 경우에는 해당 부분의 도면을 포함한다.)을 첨부하여야 한다. 〈개정 2011.04.12.〉

1. 주민등록을 마친 날

2. 임차주택을 점유(占有)한 날

3. 임대차 계약증서상의 확정일자를 받은 날

[전문 개정 2008.03.21.]

제3조의 5(경매에 의한 임차권의 소멸) 임차권은 임차주택에 대하여 「민사집행법」에 따른 경매가 행하여진 경우에는 그 임차주택의 경락(競落)에 따라 소멸한다. 다만 보증금이 모두 변제되지 아니한 대항력이 있는 임차권은 그러하지 아니하다.

[전문 개정 2008.03.21.]

제3조의 6(확정일자 부여 및 임대차 정보 제공 등) ❶ 제3조의 2 제2항의 확정일자는 주택 소재지의 읍·면사무소, 동 주민센터 또는 시(특별시·광역시·특별자치시는 제외하고, 특별자치도는 포함한다.)·군·구(자치구를 말한다.)의 출장소, 지방법원 및 그 지원과 등기소 또는 「공증인법」에 따른 공증인(이하 이 조에서 '확정일자 부여기관'이라 한다.)이 부여한다.

❷ 확정일자 부여기관은 해당 주택의 소재지, 확정일자 부여일, 차임 및 보증금 등을 기재한 확정일자부를 작성하여야 한다. 이 경우 전산처리정보조직을 이용할 수 있다.

❸ 주택의 임대차에 이해관계가 있는 자는 확정일자 부여기관에 해당 주택의 확정일자 부여일, 차임 및 보증금 등 정보의 제공을 요청할 수 있다. 이 경우 요청을 받은 확정일자 부여기관은 정당한 사유 없이 이를 거부할 수 없다.

❹ 임대차 계약을 체결하려는 자는 임대인의 동의를 받아 확정일자 부여기관에 제3항에 따른 정보 제공을 요청할 수 있다.

❺ 제1항·제3항 또는 제4항에 따라 확정일자를 부여받거나 정보를 제공받

으려는 자는 수수료를 내야 한다.

❻ 확정일자부에 기재하여야 할 사항, 주택의 임대차에 이해관계가 있는 자의 범위, 확정일자 부여기관에 요청할 수 있는 정보의 범위 및 수수료, 그 밖에 확정일자 부여 사무와 정보 제공 등에 필요한 사항은 대통령령 또는 대법원 규칙으로 정한다.

[본조 신설 2013.08.13.]

제4조(임대차 기간 등) ❶ 기간을 정하지 아니하거나 2년 미만으로 정한 임대차는 그 기간을 2년으로 본다. 다만 임차인은 2년 미만으로 정한 기간이 유효함을 주장할 수 있다.

❷ 임대차 기간이 끝난 경우에도 임차인이 보증금을 반환 받을 때까지는 임대차 관계가 존속되는 것으로 본다.

[전문 개정 2008.03.21.]

제5조 삭제 〈1989.12.30.〉

제6조(계약의 갱신) ❶ 임대인이 임대차 기간이 끝나기 6개월 전부터 1개월 전까지의 기간에 임차인에게 갱신 거절(更新拒絶)의 통지를 하지 아니하거나 계약 조건을 변경하지 아니하면 갱신하지 아니한다는 뜻의 통지를 하지 아니한 경우에는 그 기간이 끝난 때에 전 임대차와 동일한 조건으로 다시 임대차한 것으로 본다. 임차인이 임대차 기간이 끝나기 1개월 전까지 통지하지 아니한 경우에도 또한 같다.

❷ 제1항의 경우 임대차의 존속 기간은 2년으로 본다. 〈개정 2009.05.08.〉

❸ 2기(期)의 차임액(借賃額)에 달하도록 연체하거나 그 밖에 임차인으로서의 의무를 현저히 위반한 임차인에 대하여는 제1항을 적용하지 아니한다.

[전문 개정 2008.03.21.]

제6조의2(묵시적 갱신의 경우 계약의 해지) ❶ 제6조 제1항에 따라 계약이 갱신된 경우 같은 조 제2항에도 불구하고 임차인은 언제든지 임대인에게 계약 해지(契約解止)를 통지할 수 있다. 〈개정 2009.05.08.〉

❷ 제1항에 따른 해지는 임대인이 그 통지를 받은 날부터 3개월이 지나면 그 효력이 발생한다.

[전문 개정 2008.03.21.]

제7조(차임 등의 증감 청구권) 당사자는 약정한 차임이나 보증금이 임차주택에 관한 조세, 공과금, 그 밖의 부담의 증감이나 경제사정의 변동으로 인하여 적절하지 아니하게 된 때에는 장래에 대하여 그 증감을 청구할 수 있다. 다만 증액의 경우에는 대통령령으로 정하는 기준에 따른 비율을 초과하지 못한다.

[전문 개정 2008.03.21.]

제7조의 2(월차임 전환 시 산정률의 제한) 보증금의 전부 또는 일부를 월 단위의 차임으로 전환하는 경우에는 그 전환되는 금액에 다음 각 호 중 낮은 비율을 곱한 월차임(月借賃)의 범위를 초과할 수 없다. 〈개정 2010.05.17., 2013.08.13., 2016.05.29.〉

1. 「은행법」에 따른 은행에서 적용하는 대출금리와 해당 지역의 경제여건 등을 고려하여 대통령령으로 정하는 비율

2. 한국은행에서 공시한 기준금리에 대통령령으로 정하는 이율을 더한 비율

[전문 개정 2008.03.21.]

제8조(보증금 중 일정액의 보호) ❶ 임차인은 보증금 중 일정액을 다른 담보물권자(擔保物權者)보다 우선하여 변제받을 권리가 있다. 이 경우 임차인은 주

택에 대한 경매 신청의 등기 전에 제3조 제1항의 요건을 갖추어야 한다.

❷ 제1항의 경우에는 제3조의 2 제4항부터 제6항까지의 규정을 준용한다.

❸ 제1항에 따라 우선변제를 받을 임차인 및 보증금 중 일정액의 범위와 기준은 제8조의 2에 따른 주택임대차위원회의 심의를 거쳐 대통령령으로 정한다. 다만 보증금 중 일정액의 범위와 기준은 주택 가액(대지의 가액을 포함한다.)의 2분의 1을 넘지 못한다. 〈개정 2009.05.08.〉

[전문 개정 2008.03.21.]

제8조의 2(주택임대차위원회) ❶ 제8조에 따라 우선변제를 받을 임차인 및 보증금 중 일정액의 범위와 기준을 심의하기 위하여 법무부에 주택임대차위원회(이하 '위원회'라 한다.)를 둔다.

❷ 위원회는 위원장 1명을 포함한 9명 이상 15명 이하의 위원으로 구성한다.

❸ 위원회의 위원장은 법무부차관이 된다.

❹ 위원회의 위원은 다음 각 호의 어느 하나에 해당하는 사람 중에서 위원장이 위촉하되, 다음 제1호부터 제5호까지에 해당하는 위원을 각각 1명 이상 위촉하여야 하고, 위원 중 2분의 1 이상은 제1호·제2호 또는 제6호에 해당하는 사람을 위촉하여야 한다.

〈개정 2013.03.23.〉

1. 법학·경제학 또는 부동산학 등을 전공하고 주택 임대차 관련 전문지식을 갖춘 사람으로서 공인된 연구기관에서 조교수 이상 또는 이에 상당하는 직에 5년 이상 재직한 사람

2. 변호사·감정평가사·공인회계사·세무사 또는 공인중개사로서 5년 이상 해당 분야에서 종사하고 주택 임대차 관련 업무 경험이 풍부한 사람

3. 기획재정부에서 물가 관련 업무를 담당하는 고위공무원단에 속하는 공무원

4. 법무부에서 주택 임대차 관련 업무를 담당하는 고위공무원단에 속하는 공무원(이에 상당하는 특정직 공무원을 포함한다.)

5. 국토교통부에서 주택사업 또는 주거복지 관련 업무를 담당하는 고위공무원단에 속하는 공무원

6. 그 밖에 주택 임대차 관련 학식과 경험이 풍부한 사람으로서 대통령령으로 정하는 사람

❺ 그 밖에 위원회의 구성 및 운영 등에 필요한 사항은 대통령령으로 정한다.

[본조 신설 2009.05.08.]

제9조(주택 임차권의 승계) ❶ 임차인이 상속인 없이 사망한 경우에는 그 주택에서 가정공동생활을 하던 사실상의 혼인 관계에 있는 자가 임차인의 권리와 의무를 승계한다.

❷ 임차인이 사망한 때에 사망 당시 상속인이 그 주택에서 가정공동생활을 하고 있지 아니한 경우에는 그 주택에서 가정공동생활을 하던 사실상의 혼인 관계에 있는 자와 2촌 이내의 친족이 공동으로 임차인의 권리와 의무를 승계한다.

❸ 제1항과 제2항의 경우에 임차인이 사망한 후 1개월 이내에 임대인에게 제1항과 제2항에 따른 승계 대상자가 반대의사를 표시한 경우에는 그러하지 아니하다.

❹ 제1항과 제2항의 경우에 임대차 관계에서 생긴 채권·채무는 임차인의 권리 의무를 승계한 자에게 귀속된다.

[전문 개정 2008.03.21.]

제10조(강행규정) 이 법에 위반된 약정(約定)으로서 임차인에게 불리한 것은 그 효력이 없다.

[전문 개정 2008.03.21.]

제10조의 2(초과 차임 등의 반환청구) 임차인이 제7조에 따른 증액비율을 초과하여 차임 또는 보증금을 지급하거나 제7조의 2에 따른 월차임 산정률을 초과하여 차임을 지급한 경우에는 초과 지급된 차임 또는 보증금 상당 금액의 반환을 청구할 수 있다.

[본조 신설 2013.08.13.]

제11조(일시 사용을 위한 임대차) 이 법은 일시 사용하기 위한 임대차임이 명백한 경우에는 적용하지 아니한다.

[전문 개정 2008.03.21.]

제12조(미등기 전세에의 준용) 주택의 등기를 하지 아니한 전세 계약에 관하여는 이 법을 준용한다. 이 경우 '전세금'은 '임대차의 보증금'으로 본다.

[전문 개정 2008.03.21.]

제13조(「소액사건심판법」의 준용) 임차인이 임대인에 대하여 제기하는 보증금 반환 청구소송에 관하여는 「소액사건심판법」 제6조, 제7조, 제10조 및 제11조의 2를 준용한다.

[전문 개정 2008.03.21.]

제14조(주택임대차분쟁조정위원회) ❶ 이 법의 적용을 받는 주택 임대차와 관련된 분쟁을 심의·조정하기 위하여 대통령령으로 정하는 바에 따라 「법률구조법」 제8조에 따른 대한법률구조공단(이하 '공단'이라 한다.)의 지부에 주택임대차분쟁조정위원회(이하 '조정위원회'라 한다.)를 둔다. 특별시·광역시·특별자치시·도 및 특별자치도(이하 '시·도'라 한다.)는 그 지방자치단체의 실정을 고려하여 조정위원회를 둘 수 있다.

❷ 조정위원회는 다음 각 호의 사항을 심의 · 조정한다.

1. 차임 또는 보증금의 증감에 관한 분쟁

2. 임대차 기간에 관한 분쟁

3. 보증금 또는 임차주택의 반환에 관한 분쟁

4. 임차주택의 유지 · 수선 의무에 관한 분쟁

5. 그 밖에 대통령령으로 정하는 주택 임대차에 관한 분쟁

❸ 조정위원회의 사무를 처리하기 위하여 조정위원회에 사무국을 두고, 사무국의 조직 및 인력 등에 필요한 사항은 대통령령으로 정한다.

❹ 사무국의 조정위원회 업무담당자는 다른 직위의 업무를 겸직하여서는 아니 된다.

[본조 신설 2016.05.29.]

제15조(예산의 지원) 국가는 조정위원회의 설치 · 운영에 필요한 예산을 지원할 수 있다.

[본조 신설 2016.05.29.]

제16조(조정위원회의 구성 및 운영) ❶ 조정위원회는 위원장 1명을 포함하여 5명 이상 30명 이하의 위원으로 구성한다.

❷ 공단 조정위원회 위원은 공단 이사장이 임명 또는 위촉하고, 시 · 도 조정위원회 위원은 해당 지방자치단체의 장이 임명하거나 위촉한다.

❸ 조정위원회의 위원은 주택 임대차에 관한 학식과 경험이 풍부한 사람으로서 다음 각 호의 어느 하나에 해당하는 사람으로 한다. 이 경우 제1호부터 제4호까지에 해당하는 위원을 각 1명 이상 위촉하여야 하고, 위원 중 5분의 2 이상은 제2호에 해당하는 사람이어야 한다.

1. 법학 · 경제학 또는 부동산학 등을 전공하고 대학이나 공인된 연구기관에서 부교수 이상 또는 이에 상당하는 직에 재직한 사람

2. 판사 · 검사 또는 변호사로 6년 이상 재직한 사람

3. 감정평가사 · 공인회계사 · 법무사 또는 공인중개사로서 주택 임대차 관계 업무에 6년 이상 종사한 사람

4. 「사회복지사업법」에 따른 사회복지법인과 그 밖의 비영리법인에서 주택 임대차 분쟁에 관한 상담에 6년 이상 종사한 경력이 있는 사람

5. 해당 지방자치단체에서 주택 임대차 관련 업무를 담당하는 4급 이상의 공무원

6. 그 밖에 주택 임대차 관련 학식과 경험이 풍부한 사람으로서 대통령령으로 정하는 사람

❹ 조정위원회의 위원장은 제3항 제2호에 해당하는 위원 중에서 위원들이 호선한다.

❺ 조정위원회 위원장은 조정위원회를 대표하여 그 직무를 총괄한다.

❻ 조정위원회 위원장이 부득이한 사유로 직무를 수행할 수 없는 경우에는 조정위원회 위원장이 미리 지명한 조정위원이 그 직무를 대행한다.

❼ 조정위원의 임기는 3년으로 하되 연임할 수 있으며, 보궐위원의 임기는 전임자의 남은 임기로 한다.

❽ 조정위원회는 조정위원회 위원장 또는 제3항 제2호에 해당하는 조정위원 1명 이상을 포함한 재적위원 과반수의 출석과 출석위원 과반수의 찬성으로 의결한다.

❾ 그 밖에 조정위원회의 설치, 구성 및 운영 등에 필요한 사항은 대통령령으로 정한다.

[본조 신설 2016.05.29.]

제17조(조정부의 구성 및 운영) ❶ 조정위원회는 분쟁의 효율적 해결을 위하여 3명의 조정위원으로 구성된 조정부를 둘 수 있다.

❷ 조정부에는 제16조 제3항 제2호에 해당하는 사람이 1명 이상 포함되어야 하며, 그중에서 조정위원회 위원장이 조정부의 장을 지명한다.

❸ 조정부는 다음 각 호의 사항을 심의 · 조정한다.

1. 제14조 제2항에 따른 주택 임대차 분쟁 중 대통령령으로 정하는 금액 이하의 분쟁

2. 조정위원회가 사건을 특정하여 조정부에 심의 · 조정을 위임한 분쟁

❹ 조정부는 조정부의 장을 포함한 재적위원 과반수의 출석과 출석위원 과반수의 찬성으로 의결한다.

❺ 제4항에 따라 조정부가 내린 결정은 조정위원회가 결정한 것으로 본다.

❻ 그 밖에 조정부의 설치, 구성 및 운영 등에 필요한 사항은 대통령령으로 정한다.

[본조 신설 2016.05.29.]

제18조(조정위원의 결격사유) 「국가공무원법」 제33조 각 호의 어느 하나에 해당하는 사람은 조정위원이 될 수 없다.

[본조 신설 2016.05.29.]

제19조(조정위원의 신분보장) ❶ 조정위원은 자신의 직무를 독립적으로 수행하고 주택 임대차 분쟁의 심리 및 판단에 관하여 어떠한 지시에도 구속되지 아니한다.

❷ 조정위원은 다음 각 호의 어느 하나에 해당하는 경우를 제외하고는 그 의사에 반하여 해임 또는 해촉되지 아니한다.

1. 제18조에 해당하는 경우

2. 신체상 또는 정신상의 장애로 직무를 수행할 수 없게 된 경우

[본조 신설 2016.05.29.]

제20조(조정위원의 제척 등) ❶ 조정위원이 다음 각 호의 어느 하나에 해당하는 경우 그 직무의 집행에서 제척된다.

1. 조정위원 또는 그 배우자나 배우자이었던 사람이 해당 분쟁사건의 당사자가 되는 경우

2. 조정위원이 해당 분쟁사건의 당사자와 친족 관계에 있거나 있었던 경우

3. 조정위원이 해당 분쟁사건에 관하여 진술, 감정 또는 법률자문을 한 경우

4. 조정위원이 해당 분쟁사건에 관하여 당사자의 대리인으로서 관여를 하거나 관여하였던 경우

❷ 사건을 담당한 조정위원에게 제척의 원인이 있는 경우 조정위원회는 직권 또는 당사자의 신청에 따라 제척의 결정을 한다.

❸ 당사자는 사건을 담당한 조정위원에게 공정한 직무집행을 기대하기 어려운 사정이 있는 경우 조정위원회에 기피 신청을 할 수 있다.

❹ 기피 신청에 관한 결정은 조정위원회가 하고, 해당 조정위원 및 당사자 쌍방은 그 결정에 불복하지 못한다.

❺ 제3항에 따른 기피 신청이 있는 때에 조정위원회는 그 신청에 대한 결정이 있을 때까지 조정 절차를 정지하여야 한다.

❻ 조정위원은 제1항 또는 제3항에 해당하는 경우 조정위원회의 허가를 받지 아니하고 해당 분쟁사건의 직무집행에서 회피할 수 있다.

[본조 신설 2016.05.29.]

제21조(조정의 신청 등) ❶ 제14조 제2항 각 호의 어느 하나에 해당하는 주택 임대차 분쟁의 당사자는 해당 주택이 소재하는 공단 또는 시 · 도 조정위원회에 분쟁의 조정을 신청할 수 있다.

❷ 조정위원회는 신청인이 조정을 신청할 때 조정 절차 및 조정의 효력 등 분쟁 조정에 관하여 대통령령으로 정하는 사항을 안내하여야 한다.

❸ 조정위원회의 위원장은 다음 각 호의 어느 하나에 해당하는 경우 신청을 각하한다. 이 경우 그 사유를 신청인에게 통지하여야 한다.

1. 이미 해당 분쟁 조정사항에 대하여 법원에 소가 제기되거나 조정 신청이 있은 후 소가 제기된 경우

2. 이미 해당 분쟁 조정사항에 대하여 「민사조정법」에 따른 조정이 신청된 경우나 조정 신청이 있은 후 같은 법에 따른 조정이 신청된 경우

3. 이미 해당 분쟁 조정사항에 대하여 이 법에 따른 조정위원회에 조정이 신청된 경우나 조정 신청이 있은 후 조정이 성립된 경우

4. 조정 신청 자체로 주택 임대차에 관한 분쟁이 아님이 명백한 경우

5. 피신청인이 조정 절차에 응하지 아니한다는 의사를 통지하거나 조정신청서를 송달받은 날부터 7일 이내에 아무런 의사를 통지하지 아니한 경우

6. 신청인이 정당한 사유 없이 조사에 응하지 아니하거나 2회 이상 출석 요구에 응하지 아니한 경우

[본조 신설 2016.05.29.]

제22조(조정 절차) ❶ 조정위원회의 위원장은 조정 신청을 접수하면 피신청인에게 조정신청서를 송달하여야 한다. 이 경우 제21조 제2항을 준용한다.

❷ 제1항에 따라 조정신청서를 송달받은 피신청인이 조정에 응하고자 하는 의사를 조정위원회에 통지하면 조정 절차가 개시된다.

❸ 조정 서류의 송달 등 조정 절차에 관하여 필요한 사항은 대통령령으로 정한다.

[본조 신설 2016.05.29.]

제23조(처리 기간) ❶ 조정위원회는 분쟁의 조정 신청을 받은 날부터 60일 이내에 그 분쟁 조정을 마쳐야 한다. 다만 부득이한 사정이 있는 경우에는 조정위원회의 의결을 거쳐 30일의 범위에서 그 기간을 연장할 수 있다.

❷ 조정위원회는 제1항 단서에 따라 기간을 연장한 경우에는 기간 연장의 사유와 그 밖에 기간 연장에 관한 사항을 당사자에게 통보하여야 한다.

[본조 신설 2016.05.29.]

제24조(조사 등) ❶ 조정위원회는 조정을 위하여 필요하다고 인정하는 경우 신청인, 피신청인, 분쟁 관련 이해관계인 또는 참고인에게 출석하여 진술하게 하거나 조정에 필요한 자료나 물건 등을 제출하도록 요구할 수 있다.

❷ 조정위원회는 조정을 위하여 필요하다고 인정하는 경우 조정위원 또는 사무국의 직원으로 하여금 조정 대상물 및 관련 자료에 대하여 조사하게 하거나 자료를 수집하게 할 수 있다. 이 경우 조정위원이나 사무국의 직원은 그 권한을 표시하는 증표를 지니고 이를 관계인에게 내보여야 한다.

❸ 조정위원회 위원장은 특별시장, 광역시장, 특별자치시장, 도지사 및 특별자치도지사(이하 '시·도지사'라 한다.)에게 해당 조정 업무에 참고하기 위하여 인근 지역의 확정일자 자료, 보증금의 월차임 전환율 등 적정 수준의 임대료 산정을 위한 자료를 요청할 수 있다. 이 경우 시·도지사는 정당한 사유가 없으면 조정위원회 위원장의 요청에 따라야 한다.

[본조 신설 2016.05.29.]

제25조(조정을 하지 아니하는 결정) ❶ 조정위원회는 해당 분쟁이 그 성질상 조정을 하기에 적당하지 아니하다고 인정하거나 당사자가 부당한 목적으로

조정을 신청한 것으로 인정할 때에는 조정을 하지 아니할 수 있다.

❷ 조정위원회는 제1항에 따라 조정을 하지 아니하기로 결정하였을 때에는 그 사실을 당사자에게 통지하여야 한다.

[본조 신설 2016.05.29.]

제26조(조정의 성립) ❶ 조정위원회가 조정안을 작성한 경우에는 그 조정안을 지체 없이 각 당사자에게 통지하여야 한다.

❷ 제1항에 따라 조정안을 통지받은 당사자가 통지받은 날부터 7일 이내에 수락의 의사를 서면으로 표시하지 아니한 경우에는 조정을 거부한 것으로 본다.

❸ 제2항에 따라 각 당사자가 조정안을 수락한 경우에는 조정안과 동일한 내용의 합의가 성립된 것으로 본다.

❹ 제3항에 따른 합의가 성립한 경우 조정위원회 위원장은 조정안의 내용을 조정서로 작성한다. 조정위원회 위원장은 각 당사자 간에 금전, 그 밖의 대체물의 지급 또는 부동산의 인도에 관하여 강제집행을 승낙하는 취지의 합의가 있는 경우에는 그 내용을 조정서에 기재하여야 한다.

[본조 신설 2016.05.29.]

제27조(집행력의 부여) 제26조 제4항 후단에 따라 강제집행을 승낙하는 취지의 내용이 기재된 조정서의 정본은 「민사집행법」 제56조에도 불구하고 집행력 있는 집행권원과 같은 효력을 가진다. 다만 청구에 관한 이의의 주장에 대하여는 같은 법 제44조 제2항을 적용하지 아니한다.

[본조 신설 2016.05.29.]

제28조(비밀 유지 의무) 조정위원, 사무국의 직원 또는 그 직에 있었던 자는 다

른 법률에 특별한 규정이 있는 경우를 제외하고는 직무상 알게 된 정보를 타인에게 누설하거나 직무상 목적 외에 사용하여서는 아니 된다.

[본조 신설 2016.05.29.]

제29조(다른 법률의 준용) 조정위원회의 운영 및 조정 절차에 관하여 이 법에서 규정하지 아니한 사항에 대하여는 「민사조정법」을 준용한다.

[본조 신설 2016.05.29.]

제30조(주택 임대차 표준계약서 사용) 주택 임대차 계약을 서면으로 체결할 때에는 법무부 장관이 서식을 정하여 권고하는 주택 임대차 표준계약서를 우선적으로 사용한다. 다만 당사자가 다른 서식을 사용하기로 합의한 경우에는 그러하지 아니하다.

[본조 신설 2016.05.29.]

제31조(벌칙 적용에서 공무원 의제) 공무원이 아닌 주택임대차위원회의 위원 및 주택임대차분쟁조정위원회의 위원은 「형법」 제127조, 제129조부터 제132조까지의 규정을 적용할 때에는 공무원으로 본다.

[본조 신설 2016.05.29.]

[시행일 2017.05.30.] 제31조(주택임대차분쟁조정위원회에 관한 부분만 해당한다.)

부칙 〈제14242호, 2016.05.29.〉 「수산업협동조합법」

제1조(시행일) 이 법은 2016년 12월 1일부터 시행한다. 〈단서 생략〉

제2조부터 제20조까지 생략

제21조(다른 법률의 개정) ①부터 ㉒까지 생략

㉓ 「주택임대차보호법」 일부를 다음과 같이 개정한다.

제3조의 2 제7항 제5호 중 '수산업협동조합중앙회'를 '수협은행'으로 한다.

㉔부터 ㉗까지 생략

제22조 생략

[시행 2017.05.30.]
[대통령령 제28053호, 2017.05.29. 일부 개정]

제1조(목적) 이 영은 「주택임대차보호법」에서 위임된 사항과 그 시행에 관하여 필요한 사항을 정함을 목적으로 한다.

[전문 개정 2008.08.21.]

제2조(대항력이 인정되는 법인) 「주택임대차보호법」(이하 '법'이라 한다.) 제3조 제2항 후단에서 '대항력이 인정되는 법인'이란 다음 각 호의 법인을 말한다.

〈개정 2009.09.21.〉

1. 「한국토지주택공사법」에 따른 한국토지주택공사

2. 「지방공기업법」 제49조에 따라 주택사업을 목적으로 설립된 지방공사

[전문 개정 2008.08.21.]

[제1조의 2에서 이동, 종전 제2조는 제8조로 이동 〈2013.12.30.〉]

제2조의 2 [제9조로 이동 〈2013.12.30.〉]

제3조(고유식별정보의 처리) 다음 각 호의 어느 하나에 해당하는 자는 법 제3조의 6에 따른 확정일자 부여 및 임대차 정보 제공 등에 관한 사무를 수행하기 위하여 불가피한 경우 「개인정보보호법」 시행령 제19조 제1호 및 제4호에 따른 주민등록번호 및 외국인등록번호를 처리할 수 있다. 〈개정 2016.01.22.〉

1. 시장(「제주특별자치도 설치 및 국제자유도시 조성을 위한 특별법」 제11조에 따른 행정시장을 포함

하며, 특별시장·광역시장·특별자치시장은 제외한다.), 군수 또는 구청장(자치구의 구청장을 말한다.)

2. 읍·면·동의 장

3. 「공증인법」에 따른 공증인

[전문 개정 2013.12.30.]

[제1조의 3에서 이동, 종전 제3조는 제10조로 이동 〈2013.12.30.〉]

제4조(확정일자부 기재사항 등) ❶ 법 제3조의 6 제1항에 따른 확정일자 부여 기관(지방법원 및 그 지원과 등기소는 제외하며, 이하 '확정일자 부여기관'이라 한다.) 이 같은 조 제2항에 따라 작성하는 확정일자부에 기재하여야 할 사항은 다음 각 호와 같다.

1. 확정일자 번호

2. 확정일자 부여일

3. 임대인·임차인의 인적 사항

   가. 자연인인 경우

   성명, 주소, 주민등록번호(외국인은 외국인등록번호)

   나. 법인이거나 법인 아닌 단체인 경우

   법인명·단체명, 법인등록번호·부동산등기용등록번호, 본점·주사무소 소재지

4. 주택 소재지

5. 임대차 목적물

6. 임대차 기간

7. 차임·보증금

8. 신청인의 성명과 주민등록번호 앞 6자리(외국인은 외국인등록번호 앞 6자리)

❷ 확정일자는 확정일자 번호, 확정일자 부여일 및 확정일자 부여기관을 주

택 임대차 계약증서에 표시하는 방법으로 부여한다.

❸ 제1항 및 제2항에서 규정한 사항 외에 확정일자부 작성방법 및 확정일자 부여 시 확인사항 등 확정일자 부여 사무에 관하여 필요한 사항은 법무부령으로 정한다.

[본조 신설 2013.12.30.]

[종전 제4조는 제11조로 이동 〈2013.12.30.〉]

제5조(주택의 임대차에 이해관계가 있는 자의 범위) 법 제3조의 6 제3항에 따라 정보 제공을 요청할 수 있는 주택의 임대차에 이해관계가 있는 자(이하 '이해관계인'이라 한다.)는 다음 각 호의 어느 하나에 해당하는 자로 한다.

1. 해당 주택의 임대인·임차인

2. 해당 주택의 소유자

3. 해당 주택 또는 그 대지의 등기기록에 기록된 권리자 중 법무부령으로 정하는 자

4. 법 제3조의 2 제7항에 따라 우선변제권을 승계한 금융기관

5. 제1호부터 제4호까지에 준하는 지위 또는 권리를 가지는 자로서 법무부령으로 정하는 자

[본조 신설 2013.12.30.]

[종전 제5조는 제12조로 이동 〈2013.12.30.〉]

제6조(요청할 수 있는 정보의 범위 및 제공방법) ❶ 임대차 계약의 당사자는 법 제3조의 6 제3항에 따라 확정일자 부여기관에 해당 임대차 계약에 관한 다음 각 호의 사항의 열람 또는 그 내용을 기록한 서면의 교부를 요청할 수 있다.

1. 임대차 목적물

2. 임대인·임차인의 인적 사항

3. 확정일자 부여일

4. 차임·보증금

5. 임대차 기간

❷ 임대차 계약의 당사자가 아닌 이해관계인 또는 임대차 계약을 체결하려는

자는 법 제3조의 6 제 3항 또는 제4항에 따라 확정일자 부여기관에 다음 각

호의 사항의 열람 또는 그 내용을 기록한 서면의 교부를 요청할 수 있다.

1. 임대차 목적물

2. 확정일자 부여일

3. 차임·보증금

4. 임대차 기간

❸ 제1항 및 제2항에서 규정한 사항 외에 정보 제공 요청에 필요한 사항은 법

무부령으로 정한다.

[본조 신설 2013.12.30.]

[종전 제6조는 제13조로 이동 〈2013.12.30.〉]

제7조(수수료) ❶ 법 제3조의 6 제5항에 따라 확정일자 부여기관에 내야 하는

수수료는 확정일자 부여에 관한 수수료와 정보 제공에 관한 수수료로 구분하

며, 그 구체적인 금액은 법무부령으로 정한다.

❷ 「국민기초생활 보장법」에 따른 수급자 등 법무부령으로 정하는 사람에 대

해서는 제1항에 따른 수수료를 면제할 수 있다.

[본조 신설 2013.12.30.]

[종전 제7조는 제14조로 이동 〈2013.12.30.〉]

제8조(차임 등 증액 청구의 기준 등) ❶ 법 제7조에 따른 차임이나 보증금(이하

'차임 등'이라 한다.)의 증액 청구는 약정한 차임 등의 20분의 1의 금액을 초과

하지 못한다.

❷ 제1항에 따른 증액 청구는 임대차 계약 또는 약정한 차임 등의 증액이 있은 후 1년 이내에는 하지 못한다.

[전문 개정 2008.08.21.]

[제2조에서 이동, 종전 제8조는 제15조로 이동 〈2013.12.30.〉]

제9조(월차임 전환 시 산정률) ❶ 법 제7조의 2 제1호에서 '대통령령으로 정하는 비율'이란 연 1할을 말한다.

❷ 법 제7조의 2 제2호에서 '대통령령으로 정하는 이율'이란 연 3.5퍼센트를 말한다. 〈개정 2016.11.29.〉

[전문 개정 2013.12.30.]

[제2조의 2에서 이동, 종전 제9조는 제16조로 이동 〈2013.12.30.〉]

제10조(보증금 중 일정액의 범위 등) ❶ 법 제8조에 따라 우선변제를 받을 보증금 중 일정액의 범위는 다음 각 호의 구분에 의한 금액 이하로 한다.
〈개정 2010.07.21., 2013.12.30., 2016.03.31.〉

1. 서울특별시: 3,400만 원

2. 「수도권정비계획법」에 따른 과밀억제권역(서울특별시는 제외한다.): 2,700만 원

3. 광역시(「수도권정비계획법」에 따른 과밀억제권역에 포함된 지역과 군 지역은 제외한다.), 세종특별자치시, 안산시, 용인시, 김포시 및 광주시: 2천만 원

4. 그 밖의 지역: 1,700만 원

❷ 임차인의 보증금 중 일정액이 주택 가액의 2분의 1을 초과하는 경우에는 주택 가액의 2분의 1에 해당하는 금액까지만 우선변제권이 있다.

❸ 하나의 주택에 임차인이 2명 이상이고, 그 각 보증금 중 일정액을 모두 합

한 금액이 주택 가액의 2분의 1을 초과하는 경우에는 그 각 보증금 중 일정액을 모두 합한 금액에 대한 각 임차인의 보증금 중 일정액의 비율로 그 주택 가액의 2분의 1에 해당하는 금액을 분할한 금액을 각 임차인의 보증금 중 일정액으로 본다.

❹ 하나의 주택에 임차인이 2명 이상이고, 이들이 그 주택에서 가정공동생활을 하는 경우에는 이들을 1명의 임차인으로 보아 이들의 각 보증금을 합산한다.

[전문 개정 2008.08.21.]

[제3조에서 이동, 종전 제10조는 제17조로 이동 〈2013.12.30.〉]

제11조(우선변제를 받을 임차인의 범위) 법 제8조에 따라 우선변제를 받을 임차인은 보증금이 다음 각 호의 구분에 의한 금액 이하인 임차인으로 한다.

〈개정 2010.07.21., 2013.12.30., 2016.03.31.〉

1. 서울특별시: 1억 원

2. 「수도권정비계획법」에 따른 과밀억제권역(서울특별시는 제외한다.): 8천만 원

3. 광역시(「수도권정비계획법」에 따른 과밀억제권역에 포함된 지역과 군 지역은 제외한다.), 세종특별자치시, 안산시, 용인시, 김포시 및 광주시: 6천만 원

4. 그 밖의 지역: 5천만 원

[전문 개정 2008.08.21.]

[제4조에서 이동, 종전 제11조는 제18조로 이동 〈2013.12.30.〉]

제12조(주택임대차위원회의 구성) 법 제8조의 2 제4항 제6호에서 '대통령령으로 정하는 사람'이란 다음 각 호의 어느 하나에 해당하는 사람을 말한다.

〈개정 2017.05.29.〉

1. 특별시·광역시·특별자치시·도 및 특별자치도(이하 '시·도'라 한다.)에서 주택정책 또는 부동

산 관련 업무를 담당하는 주무부서의 실·국장

2. 법무사로서 5년 이상 해당 분야에서 종사하고 주택 임대차 관련 업무 경험이 풍부한 사람

[본조 신설 2009.07.30.]

[제5조에서 이동, 종전 제12조는 제19조로 이동 〈2013.12.30.〉]

제13조(위원의 임기 등) ❶ 법 제8조의 2에 따른 주택임대차위원회(이하 '위원회'라 한다.)의 위원 임기는 2년으로 하되, 한 차례만 연임할 수 있다. 다만 공무원인 위원의 임기는 그 직위에 재직하는 기간으로 한다. 〈개정 2016.03.31.〉

❷ 위원장은 위촉된 위원이 다음 각 호의 어느 하나에 해당하는 경우에는 해당 위원을 해촉할 수 있다. 〈개정 2016.03.31.〉

1. 심신장애로 인하여 직무를 수행할 수 없게 된 경우

2. 직무와 관련한 형사사건으로 기소된 경우

3. 직무 태만, 품위 손상, 그 밖의 사유로 인하여 위원으로 적합하지 아니하다고 인정되는 경우

4. 위원 스스로 직무를 수행하는 것이 곤란하다고 의사를 밝히는 경우

[본조 신설 2009.07.30.]

[제6조에서 이동, 종전 제13조는 제20조로 이동 〈2013.12.30.〉]

제14조(위원장의 직무) ❶ 위원장은 위원회를 대표하고, 위원회의 업무를 총괄한다.

❷ 위원장이 부득이한 사유로 인하여 직무를 수행할 수 없을 때에는 위원장이 미리 지명한 위원이 그 직무를 대행한다.

[본조 신설 2009.07.30.]

[제7조에서 이동 〈2013.12.30.〉]

제15조(간사) ❶ 위원회에 간사 1명을 두되, 간사는 주택 임대차 관련 업무에 종사하는 법무부 소속의 고위공무원단에 속하는 일반직 공무원(이에 상당하는 특정직·별정직 공무원을 포함한다.) 중에서 위원회의 위원장이 지명한다.

❷ 간사는 위원회의 운영을 지원하고, 위원회의 회의에 관한 기록과 그 밖에 서류의 작성과 보관에 관한 사무를 처리한다.

❸ 간사는 위원회에 참석하여 심의사항을 설명하거나 그 밖에 필요한 발언을 할 수 있다.

[본조 신설 2009.07.30.]

[제8조에서 이동 〈2013.12.30.〉]

제16조(위원회의 회의) ❶ 위원회의 회의는 매년 1회 개최되는 정기회의와 위원장이 필요하다고 인정하거나 위원 3분의 1 이상이 요구할 경우에 개최되는 임시회의로 구분하여 운영한다.

❷ 위원장은 위원회의 회의를 소집하고, 그 의장이 된다.

❸ 위원회의 회의는 재적위원 과반수의 출석으로 개의하고, 출석위원 과반수의 찬성으로 의결한다.

❹ 위원회의 회의는 비공개로 한다.

❺ 위원장은 위원이 아닌 자를 회의에 참석하게 하여 의견을 듣거나 관계 기관·단체 등에게 필요한 자료, 의견 제출 등 협조를 요청할 수 있다.

[본조 신설 2009.07.30.]

[제9조에서 이동 〈2013.12.30.〉]

제17조(실무위원회) ❶ 위원회에서 심의할 안건의 협의를 효율적으로 지원하기 위하여 위원회에 실무위원회를 둔다.

❷ 실무위원회는 다음 각 호의 사항을 협의·조정한다.

1. 심의 안건 및 이와 관련하여 위원회가 위임한 사항

2. 그 밖에 위원장 및 위원이 실무 협의를 요구하는 사항

❸ 실무위원회의 위원장은 위원회의 간사가 되고, 실무위원회의 위원은 다음 각 호의 사람 중에서 그 소속기관의 장이 지명하는 사람으로 한다. 〈개정 2013.03.23.〉

1. 기획재정부에서 물가 관련 업무를 담당하는 5급 이상의 국가공무원

2. 법무부에서 주택 임대차 관련 업무를 담당하는 5급 이상의 국가공무원

3. 국토교통부에서 주택사업 또는 주거복지 관련 업무를 담당하는 5급 이상의 국가공무원

4. 시·도에서 주택정책 또는 부동산 관련 업무를 담당하는 5급 이상의 지방공무원

[본조 신설 2009.07.30.]

[제10조에서 이동 〈2013.12.30.〉]

제18조(전문위원) ❶ 위원회의 심의사항에 관한 전문적인 조사·연구업무를 수행하기 위하여 5명 이내의 전문위원을 둘 수 있다.

❷ 전문위원은 법학, 경제학 또는 부동산학 등에 학식과 경험을 갖춘 사람 중에서 법무부 장관이 위촉하고, 임기는 2년으로 한다.

[본조 신설 2009.07.30.]

[제11조에서 이동 〈2013.12.30.〉]

제19조(수당) 위원회 또는 실무위원회 위원에 대해서는 예산의 범위에서 수당을 지급할 수 있다. 다만 공무원인 위원이 그 소관 업무와 직접적으로 관련되어 위원회에 출석하는 경우에는 그러하지 아니하다.

[본조 신설 2009.07.30.]

[제12조에서 이동 〈2013.12.30.〉]

제20조(운영 세칙) 이 영에서 규정한 사항 외에 위원회의 운영에 필요한 사항은 법무부 장관이 정한다.

[본조 신설 2009.07.30.]

[제13조에서 이동 〈2013.12.30.〉]

제21조(주택임대차분쟁조정위원회의 설치) ❶ 「법률구조법」 제8조에 따른 대한법률구조공단(이하 '공단'이라 한다.)의 다음 각 호의 지부에 법 제14조 제1항에 따른 주택임대차분쟁조정위원회(이하 '조정위원회'라 한다.)를 둔다.

1. 서울중앙지부

2. 수원지부

3. 대전지부

4. 대구지부

5. 부산지부

6. 광주지부

❷ 제1항에 따라 공단의 지부에 두는 조정위원회의 관할 구역은 별표 1과 같다.

[본조 신설 2017.05.29.]

제22조(조정위원회의 심의·조정사항) 법 제14조 제2항 제5호에서 '대통령령으로 정하는 주택 임대차에 관한 분쟁'이란 다음 각 호의 분쟁을 말한다.

1. 임대차 계약의 이행 및 임대차 계약 내용의 해석에 관한 분쟁

2. 임대차 계약 갱신 및 종료에 관한 분쟁

3. 임대차 계약의 불이행 등에 따른 손해배상 청구에 관한 분쟁

4. 공인중개사 보수 등 비용 부담에 관한 분쟁

5. 주택 임대차 표준계약서 사용에 관한 분쟁

6. 그 밖에 제1호부터 제5호까지의 규정에 준하는 분쟁으로서 조정위원회의 위원장(이하 '위원장'이라 한다.)이 조정이 필요하다고 인정하는 분쟁

[본조 신설 2017.05.29.]

제23조(공단의 지부에 두는 조정위원회 사무국) ❶ 법 제14조 제3항에 따라 공단의 지부에 두는 조정위원회 사무국(이하 '사무국'이라 한다.)에는 사무국장 1명을 두며, 사무국장 밑에 심사관 및 조사관을 둔다.

❷ 사무국장은 공단의 이사장이 임명하며, 조정위원회의 위원(이하 '조정위원'이라 한다.)을 겸직할 수 있다.

❸ 심사관 및 조사관은 공단의 이사장이 임명한다.

❹ 사무국장은 사무국의 업무를 총괄하고, 소속 직원을 지휘·감독한다.

❺ 심사관은 다음 각 호의 업무를 담당한다.

1. 분쟁 조정 신청 사건에 대한 쟁점 정리 및 법률적 검토

2. 조사관이 담당하는 업무에 대한 지휘·감독

3. 그 밖에 위원장이 조정위원회의 사무 처리를 위하여 필요하다고 인정하는 업무

❻ 조사관은 다음 각 호의 업무를 담당한다.

1. 조정 신청의 접수

2. 분쟁 조정 신청에 관한 민원의 안내

3. 조정 당사자에 대한 송달 및 통지

4. 분쟁의 조정에 필요한 사실조사

5. 그 밖에 위원장이 조정위원회의 사무 처리를 위하여 필요하다고 인정하는 업무

❼ 사무국장 및 심사관은 변호사의 자격이 있는 사람으로 한다.

[본조 신설 2017.05.29.]

제24조(시·도의 조정위원회 사무국) 시·도가 법 제14조 제1항에 따라 조정위원회를 두는 경우 사무국의 조직 및 운영 등에 관한 사항은 그 지방자치단체의 실정을 고려하여 해당 시·도 조례로 정한다.

[본조 신설 2017.05.29.]

제25조(조정위원회 구성) 법 제16조 제3항 제6호에서 '대통령령으로 정하는 사람'이란 세무사·주택관리사·건축사로서 주택 임대차 관계 업무에 6년 이상 종사한 사람을 말한다.

[본조 신설 2017.05.29.]

제26조(조정위원회 운영) ❶ 조정위원회는 효율적인 운영을 위하여 필요한 경우에는 분쟁 조정 사건을 분리하거나 병합하여 심의·조정할 수 있다. 이 경우 당사자에게 지체 없이 그 사실을 통보하여야 한다.

❷ 조정위원회 회의는 공개하지 아니한다. 다만 필요하다고 인정되는 경우에는 조정위원회의 의결로 당사자 또는 이해관계인에게 방청을 허가할 수 있다.

❸ 조정위원회에 간사를 두며, 사무국의 직원 중에서 위원장이 지명한다.

❹ 조정위원회는 회의록을 작성하고, 참여한 조정위원으로 하여금 서명 또는 기명날인 하게 하여야 한다.

[본조 신설 2017.05.29.]

제27조(조정위원에 대한 수당 등) 조정위원회 또는 조정부에 출석한 조정위원에 대해서는 예산의 범위에서 수당, 여비 및 그 밖에 필요한 경비를 지급할 수

있다.

[본조 신설 2017.05.29.]

제28조(조정부에서 심의·조정할 사항) 법 제17조 제3항 제1호에서 '대통령령으로 정하는 금액 이하의 분쟁'이란 다음 각 호의 어느 하나에 해당하는 분쟁을 말한다.

1. 임대차 계약의 보증금이 다음 각 목에서 정하는 금액 이하의 분쟁

　가. 「수도권정비계획법」 제2조 제1호에 따른 수도권 지역: 5억 원

　나. 가목에 따른 지역 외의 지역: 3억 원

2. 조정으로 주장하는 이익의 값(이하 '조정 목적의 값'이라 한다.)이 2억 원 이하인 분쟁. 이 경우 조정 목적의 값 산정은 「민사소송 등 인지법」에 따른 소송 목적의 값에 관한 산정 방식을 준용한다.

[본조 신설 2017.05.29.]

제29조(조정부의 구성 및 운영) ❶ 조정부의 위원은 조정위원 중에서 위원장이 지명한다.

❷ 둘 이상의 조정부를 두는 경우에는 위원장이 분쟁 조정 신청 사건을 담당할 조정부를 지정할 수 있다.

❸ 조정부의 운영에 관하여는 제26조를 준용한다. 이 경우 '조정위원회'는 '조정부'로, '위원장'은 '조정부의 장'으로 본다.

[본조 신설 2017.05.29.]

제30조(조정의 신청) ❶ 조정의 신청은 서면(「전자문서 및 전자거래 기본법」 제2조 제1호에 따른 전자문서를 포함한다. 이하 같다.) 또는 구두로 할 수 있다.

❷ 구두로 조정을 신청하는 경우 조정 신청인은 심사관 또는 조사관에게 진

술하여야 한다. 이 경우 조정 신청을 받은 심사관 또는 조사관은 조정 신청조서를 작성하고 신청인으로 하여금 서명 또는 기명날인 하도록 하여야 한다.

❸ 조정신청서 또는 조정신청조서에는 당사자, 대리인, 신청의 취지와 분쟁의 내용 등을 기재하여야 한다. 이 경우 증거서류 또는 증거물이 있는 경우에는 이를 첨부하거나 제출하여야 한다.

[본조 신설 2017.05.29.]

제31조(조정 신청인에게 안내하여야 할 사항) ❶ 법 제21조 제2항에서 '대통령령으로 정하는 사항'이란 다음 각 호의 사항을 말한다.

1. 법 제21조 제3항 각 호에 따른 조정 신청의 각하 사유

2. 법 제22조 제2항에 따른 조정 절차의 개시 요건

3. 법 제23조의 처리 기간

4. 법 제24조에 따라 필요한 경우 신청인, 피신청인, 분쟁 관련 이해관계인 또는 참고인에게 출석하여 진술하게 하거나 필요한 자료나 물건 등의 제출을 요구할 수 있다는 사실

5. 조정 성립의 요건 및 효력

6. 당사자가 부담하는 비용

❷ 제1항에 따른 안내는 안내할 사항이 기재된 서면을 교부 또는 송달하는 방법으로 할 수 있다.

[본조 신설 2017.05.29.]

제32조(조정 서류의 송달 등) ❶ 위원장은 조정 신청을 접수하면 지체 없이 조정신청서 또는 조정신청조서 부본(이하 이 조에서 '조정신청서 등'이라 한다.)을 피신청인에게 송달하여야 한다.

❷ 피신청인은 조정에 응할 의사가 있는 경우에는 조정신청서 등을 송달받은

날부터 7일 이내에 그 의사를 조정위원회에 통지하여야 한다.

❸ 위원장은 제2항에 따른 통지를 받은 경우 피신청인에게 기간을 정하여 신청 내용에 대한 답변서를 제출할 것을 요구할 수 있다.

[본조 신설 2017.05.29.]

제33조(수수료) ❶ 법 제21조 제1항에 따라 조정을 신청하는 자는 별표 2에서 정하는 수수료를 내야 한다.

❷ 신청인이 다음 각 호의 어느 하나에 해당하는 경우에는 제1항에 따른 수수료를 면제할 수 있다.

1. 법 제8조에 따라 우선변제를 받을 수 있는 임차인

2. 「국민기초생활 보장법」 제2조 제2호에 따른 수급자

3. 「독립유공자 예우에 관한 법률」 제6조에 따라 등록된 독립유공자 또는 그 유족(선순위자 1명만 해당된다. 이하 이 조에서 같다.)

4. 「국가유공자 등 예우 및 지원에 관한 법률」 제6조에 따라 등록된 국가유공자 또는 그 유족

5. 「고엽제후유의증 등 환자 지원 및 단체 설립에 관한 법률」 제4조에 따라 등록된 고엽제후유증환자, 고엽제후유의증환자 또는 고엽제후유증 2세 환자

6. 「참전유공자 예우 및 단체 설립에 관한 법률」 제5조에 따라 등록된 참전유공자

7. 「5·18민주유공자 예우에 관한 법률」 제7조에 따라 등록 결정된 5·18민주유공자 또는 그 유족

8. 「특수임무유공자 예우 및 단체 설립에 관한 법률」 제6조에 따라 등록된 특수임무유공자 또는 그 유족

9. 「의·사상자 등 예우 및 지원에 관한 법률」 제5조에 따라 인정된 의상자 또는 의사자 유족

10. 「한부모가족지원법」제5조에 따른 지원 대상자

11. 그 밖에 제1호부터 제10호까지의 규정에 준하는 사람으로서 공단 규칙 또는 시·도 조례로 정하는 사람

❸ 신청인은 다음 각 호의 어느 하나에 해당하는 경우에는 수수료의 환급을 청구할 수 있다.

1. 법 제21조 제3항 제1호 및 제2호에 따라 조정 신청이 각하된 경우. 다만 조정 신청 있은 후 신청인이 법원에 소를 제기하거나 「민사조정법」에 따른 조정을 신청한 경우는 제외한다.

2. 법 제21조 제3항 제3호 및 제5호에 따라 조정 신청이 각하된 경우

3. 신청인이 조정위원회 또는 조정부의 회의가 소집되기 전에 조정 신청을 취하한 경우. 이 경우 환급 금액은 납부한 수수료의 2분의 1에 해당하는 금액으로 한다.

❹ 제1항에 따른 수수료의 납부방법 및 제3항에 따른 수수료의 환급 절차 등에 관하여 필요한 사항은 공단 규칙 또는 시·도의 조례로 정한다.

[본조 신설 2017.05.29.]

제34조(조정서의 작성) 법 제26조 제4항에 따른 조정서에는 다음 각 호의 사항을 기재하고, 위원장 및 조정에 참여한 조정위원이 서명 또는 기명날인 하여야 한다.

1. 사건번호 및 사건명

2. 당사자의 성명, 생년월일 및 주소(법인의 경우 명칭, 법인등록번호 및 본점의 소재지를 말한다.)

3. 임차주택 소재지

4. 신청의 취지 및 이유

5. 조정 내용(법 제26조 제4항에 따라 강제집행을 승낙하는 취지의 합의를 포함한다.)

6. 작성일

제35조(조정 결과의 통지) ❶ 조정위원회는 조정 절차가 종료되면 그 결과를 당사자에게 통지하여야 한다.

❷ 조정위원회는 법 제26조 제4항에 따른 조정서가 작성된 경우 조정서 정본을 지체 없이 당사자에게 교부 또는 송달하여야 한다.

부칙 〈제28053호, 2017.05.29.〉

이 영은 2017년 5월 30일부터 시행한다.

▶「상가건물임대차보호법」

[시행 2016.12.01.]
[법률 제14242호, 2016.05.29. 일부 개정]

제1조(목적) 이 법은 상가건물 임대차에 관하여「민법」에 대한 특례를 규정하여 국민 경제생활의 안정을 보장함을 목적으로 한다.

[전문 개정 2009.01.30.]

제2조(적용 범위) ❶ 이 법은 상가건물(제3조 제1항에 따른 사업자등록의 대상이 되는 건물을 말한다.)의 임대차(임대차 목적물의 주된 부분을 영업용으로 사용하는 경우를 포함한다.)에 대하여 적용한다. 다만 대통령령으로 정하는 보증금액을 초과하는 임대차에 대하여는 그러하지 아니하다.

❷ 제1항 단서에 따른 보증금액을 정할 때에는 해당 지역의 경제여건 및 임대차 목적물의 규모 등을 고려하여 지역별로 구분하여 규정하되, 보증금 외에 차임이 있는 경우에는 그 차임액에「은행법」에 따른 은행의 대출금리 등을 고려하여 대통령령으로 정하는 비율을 곱하여 환산한 금액을 포함하여야 한다. 〈개정 2010.05.17.〉

❸ 제1항 단서에도 불구하고 제3조, 제10조 제1항, 제2항, 제3항 본문, 제10조의 2부터 제10조의 8까지의 규정 및 제19조는 제1항 단서에 따른 보증금액을 초과하는 임대차에 대하여도 적용한다. 〈신설 2013.08.13., 2015.05.13.〉

[전문 개정 2009.01.30.]

제3조(대항력 등) ❶ 임대차는 그 등기가 없는 경우에도 임차인이 건물의 인도와 「부가가치세법」 제8조, 「소득세법」 제168조 또는 「법인세법」 제111조에 따른 사업자등록을 신청하면 그 다음 날부터 제3자에 대하여 효력이 생긴다.

〈개정 2013.06.07.〉

❷ 임차건물의 양수인(그 밖에 임대할 권리를 승계한 자를 포함한다.)은 임대인의 지위를 승계한 것으로 본다.

❸ 이 법에 따라 임대차의 목적이 된 건물이 매매 또는 경매의 목적물이 된 경우에는 「민법」 제575조 제1항·제3항 및 제578조를 준용한다.

❹ 제3항의 경우에는 「민법」 제536조를 준용한다.

[전문 개정 2009.01.30.]

제4조(확정일자 부여 및 임대차 정보의 제공 등) ❶ 제5조 제2항의 확정일자는 상가건물의 소재지 관할 세무서장이 부여한다.

❷ 관할 세무서장은 해당 상가건물의 소재지, 확정일자 부여일, 차임 및 보증금 등을 기재한 확정일자부를 작성하여야 한다. 이 경우 전산정보처리조직을 이용할 수 있다.

❸ 상가건물의 임대차에 이해관계가 있는 자는 관할 세무서장에게 해당 상가건물의 확정일자 부여일, 차임 및 보증금 등 정보의 제공을 요청할 수 있다. 이 경우 요청을 받은 관할 세무서장은 정당한 사유 없이 이를 거부할 수 없다.

❹ 임대차 계약을 체결하려는 자는 임대인의 동의를 받아 관할 세무서장에게 제3항에 따른 정보 제공을 요청할 수 있다.

❺ 확정일자부에 기재하여야 할 사항, 상가건물의 임대차에 이해관계가 있는

자의 범위, 관할 세무서장에게 요청할 수 있는 정보의 범위 및 그 밖에 확정일자 부여 사무와 정보 제공 등에 필요한 사항은 대통령령으로 정한다.

[전문 개정 2015.05.13.]

제5조(보증금의 회수) ❶ 임차인이 임차건물에 대하여 보증금 반환 청구소송의 확정 판결, 그 밖에 이에 준하는 집행권원에 의하여 경매를 신청하는 경우에는 「민사집행법」 제41조에도 불구하고 반대 의무의 이행이나 이행의 제공을 집행 개시의 요건으로 하지 아니한다.

❷ 제3조 제1항의 대항요건을 갖추고 관할 세무서장으로부터 임대차 계약서상의 확정일자를 받은 임차인은 「민사집행법」에 따른 경매 또는 「국세징수법」에 따른 공매 시 임차건물(임대인 소유의 대지를 포함한다.)의 환가대금에서 후순위 권리자나 그 밖의 채권자보다 우선하여 보증금을 변제받을 권리가 있다.

❸ 임차인은 임차건물을 양수인에게 인도하지 아니하면 제2항에 따른 보증금을 받을 수 없다.

❹ 제2항 또는 제7항에 따른 우선변제의 순위와 보증금에 대하여 이의가 있는 이해관계인은 경매법원 또는 체납처분청에 이의를 신청할 수 있다. 〈개정 2013.08.13.〉

❺ 제4항에 따라 경매법원에 이의를 신청하는 경우에는 「민사집행법」 제152조부터 제161조까지의 규정을 준용한다.

❻ 제4항에 따라 이의 신청을 받은 체납처분청은 이해관계인이 이의 신청일부터 7일 이내에 임차인 또는 제7항에 따라 우선변제권을 승계한 금융기관 등을 상대로 소(訴)를 제기한 것을 증명한 때에는 그 소송이 종결될 때까지 이

의가 신청된 범위에서 임차인 또는 제7항에 따라 우선변제권을 승계한 금융기관 등에 대한 보증금의 변제를 유보(留保)하고 남은 금액을 배분하여야 한다. 이 경우 유보된 보증금은 소송 결과에 따라 배분한다. 〈개정 2013.08.13.〉

❼ 다음 각 호의 금융기관 등이 제2항, 제6조 제5항 또는 제7조 제1항에 따른 우선변제권을 취득한 임차인의 보증금 반환 채권을 계약으로 양수한 경우에는 양수한 금액의 범위에서 우선변제권을 승계한다. 〈신설 2013.08.13., 2016.05.29.〉

1. 「은행법」에 따른 은행

2. 「중소기업은행법」에 따른 중소기업은행

3. 「한국산업은행법」에 따른 한국산업은행

4. 「농업협동조합법」에 따른 농협은행

5. 「수산업협동조합법」에 따른 수협은행

6. 「우체국예금·보험에 관한 법률」에 따른 체신관서

7. 「보험업법」 제4조 제1항 제2호 라목의 보증보험을 보험종목으로 허가받은 보험회사

8. 그 밖에 제1호부터 제7호까지에 준하는 것으로서 대통령령으로 정하는 기관

❽ 제7항에 따라 우선변제권을 승계한 금융기관 등(이하 '금융기관 등'이라 한다.)은 다음 각 호의 어느 하나에 해당하는 경우에는 우선변제권을 행사할 수 없다. 〈신설 2013.08.13.〉

1. 임차인이 제3조 제1항의 대항요건을 상실한 경우

2. 제6조 제5항에 따른 임차권 등기가 말소된 경우

3. 「민법」 제621조에 따른 임대차 등기가 말소된 경우

❾ 금융기관 등은 우선변제권을 행사하기 위하여 임차인을 대리하거나 대위

하여 임대차를 해지할 수 없다. 〈신설 2013.08.13.〉

[전문개정 2009.01.30.]

제6조(임차권 등기명령) ❶ 임대차가 종료된 후 보증금이 반환되지 아니한 경우 임차인은 임차건물의 소재지를 관할하는 지방법원, 지방법원지원 또는 시·군법원에 임차권 등기명령을 신청할 수 있다. 〈개정 2013.08.13.〉

❷ 임차권 등기명령을 신청할 때에는 다음 각 호의 사항을 기재하여야 하며, 신청 이유 및 임차권 등기의 원인이 된 사실을 소명하여야 한다.

1. 신청 취지 및 이유

2. 임대차의 목적인 건물(임대차의 목적이 건물의 일부분인 경우에는 그 부분의 도면을 첨부한다.)

3. 임차권 등기의 원인이 된 사실(임차인이 제3조 제1항에 따른 대항력을 취득하였거나 제5조 제2항에 따른 우선변제권을 취득한 경우에는 그 사실)

4. 그 밖에 대법원 규칙으로 정하는 사항

❸ 임차권 등기명령의 신청에 대한 재판, 임차권 등기명령의 결정에 대한 임대인의 이의 신청 및 그에 대한 재판, 임차권 등기명령의 취소 신청 및 그에 대한 재판 또는 임차권 등기명령의 집행 등에 관하여는 「민사집행법」 제280조 제1항, 제281조, 제283조, 제285조, 제286조, 제288조 제1항·제2항 본문, 제289조, 제290조 제2항 중 제288조 제1항에 대한 부분, 제291조, 제293조를 준용한다. 이 경우 '가압류'는 '임차권 등기'로, '채권자'는 '임차인'으로, '채무자'는 '임대인'으로 본다.

❹ 임차권 등기명령 신청을 기각하는 결정에 대하여 임차인은 항고할 수 있다.

❺ 임차권 등기명령의 집행에 따른 임차권 등기를 마치면 임차인은 제3조 제1항에 따른 대항력과 제5조 제2항에 따른 우선변제권을 취득한다. 다만 임차

인이 임차권 등기 이전에 이미 대항력 또는 우선변제권을 취득한 경우에는 그 대항력 또는 우선변제권이 그대로 유지되며, 임차권 등기 이후에는 제3조 제1항의 대항요건을 상실하더라도 이미 취득한 대항력 또는 우선변제권을 상실하지 아니한다.

❻ 임차권 등기명령의 집행에 따른 임차권 등기를 마친 건물(임대차의 목적이 건물의 일부분인 경우에는 그 부분으로 한정한다.)을 그 이후에 임차한 임차인은 제14조에 따른 우선변제를 받을 권리가 없다.

❼ 임차권 등기의 촉탁, 등기관의 임차권 등기 기입 등 임차권 등기명령의 시행에 관하여 필요한 사항은 대법원 규칙으로 정한다.

❽ 임차인은 제1항에 따른 임차권 등기명령의 신청 및 그에 따른 임차권 등기와 관련하여 든 비용을 임대인에게 청구할 수 있다.

❾ 금융기관 등은 임차인을 대위하여 제1항의 임차권 등기명령을 신청할 수 있다. 이 경우 제3항, 제4항 및 제8항의 '임차인'은 '금융기관 등'으로 본다. 〈신설 2013.08.13.〉

[전문개정 2009.01.30.]

제7조(「민법」에 따른 임대차 등기의 효력 등) ❶ 「민법」 제621조에 따른 건물 임대차 등기의 효력에 관하여는 제6조 제5항 및 제6항을 준용한다.

❷ 임차인이 대항력 또는 우선변제권을 갖추고 「민법」 제621조 제1항에 따라 임대인의 협력을 얻어 임대차 등기를 신청하는 경우에는 신청서에 「부동산등기법」 제74조 제1호부터 제5호까지의 사항 외에 다음 각 호의 사항을 기재하여야 하며, 이를 증명할 수 있는 서면(임대차의 목적이 건물의 일부분인 경우에는 그 부분의 도면을 포함한다.)을 첨부하여야 한다. 〈개정 2011.04.12.〉

1. 사업자등록을 신청한 날

2. 임차건물을 점유한 날

3. 임대차 계약서상의 확정일자를 받은 날

[전문 개정 2009.01.30.]

제8조(경매에 의한 임차권의 소멸) 임차권은 임차건물에 대하여「민사집행법」에 따른 경매가 실시된 경우에는 그 임차건물이 매각되면 소멸한다. 다만 보증금이 전액 변제되지 아니한 대항력이 있는 임차권은 그러하지 아니하다.

[전문 개정 2009.01.30.]

제9조(임대차 기간 등) ❶ 기간을 정하지 아니하거나 기간을 1년 미만으로 정한 임대차는 그 기간을 1년으로 본다. 다만 임차인은 1년 미만으로 정한 기간이 유효함을 주장할 수 있다.

❷ 임대차가 종료한 경우에도 임차인이 보증금을 돌려받을 때까지 임대차 관계는 존속하는 것으로 본다.

[전문 개정 2009.01.30.]

제10조(계약 갱신 요구 등) ❶ 임대인은 임차인이 임대차 기간이 만료되기 6개월 전부터 1개월 전까지 사이에 계약 갱신을 요구할 경우 정당한 사유 없이 거절하지 못한다. 다만 다음 각 호의 어느 하나의 경우에는 그러하지 아니하다. 〈개정 2013.08.13.〉

1. 임차인이 3기의 차임액에 해당하는 금액에 이르도록 차임을 연체한 사실이 있는 경우

2. 임차인이 거짓이나 그 밖의 부정한 방법으로 임차한 경우

3. 서로 합의하여 임대인이 임차인에게 상당한 보상을 제공한 경우

4. 임차인이 임대인의 동의 없이 목적 건물의 전부 또는 일부를 전대(轉貸)한 경우

5. 임차인이 임차한 건물의 전부 또는 일부를 고의나 중대한 과실로 파손한 경우

6. 임차한 건물의 전부 또는 일부가 멸실되어 임대차의 목적을 달성하지 못할 경우

7. 임대인이 다음 각 목의 어느 하나에 해당하는 사유로 목적 건물의 전부 또는 대부분을 철거하거나 재건축하기 위하여 목적 건물의 점유를 회복할 필요가 있는 경우

  가. 임대차 계약 체결 당시 공사 시기 및 소요 기간 등을 포함한 철거 또는 재건축 계획을 임차인에게 구체적으로 고지하고 그 계획에 따르는 경우

  나. 건물이 노후·훼손 또는 일부 멸실되는 등 안전사고의 우려가 있는 경우

  다. 다른 법령에 따라 철거 또는 재건축이 이루어지는 경우

8. 그 밖에 임차인이 임차인으로서의 의무를 현저히 위반하거나 임대차를 계속하기 어려운 중대한 사유가 있는 경우

❷ 임차인의 계약 갱신 요구권은 최초의 임대차 기간을 포함한 전체 임대차 기간이 5년을 초과하지 아니하는 범위에서만 행사할 수 있다.

❸ 갱신되는 임대차는 전 임대차와 동일한 조건으로 다시 계약된 것으로 본다. 다만 차임과 보증금은 제11조에 따른 범위에서 증감할 수 있다.

❹ 임대인이 제1항의 기간 이내에 임차인에게 갱신 거절의 통지 또는 조건 변경의 통지를 하지 아니한 경우에는 그 기간이 만료된 때에 전 임대차와 동일한 조건으로 다시 임대차한 것으로 본다. 이 경우에 임대차의 존속 기간은 1년으로 본다. 〈개정 2009.05.08.〉

❺ 제4항의 경우 임차인은 언제든지 임대인에게 계약 해지의 통고를 할 수 있고, 임대인이 통고를 받은 날부터 3개월이 지나면 효력이 발생한다.

[전문 개정 2009.01.30.]

제10조의 2(계약 갱신의 특례) 제2조 제1항 단서에 따른 보증금액을 초과하는

임대차 계약 갱신의 경우 당사자는 상가건물에 관한 조세, 공과금, 주변 상가 건물의 차임 및 보증금, 그 밖의 부담이나 경제사정의 변동 등을 고려하여 차임과 보증금의 증감을 청구할 수 있다.

[본조 신설 2013,08,13,]

제10조의 3(권리금의 정의 등) ❶ 권리금이란 임대차 목적물인 상가건물에서 영업을 하는 자 또는 영업을 하려는 자가 영업시설·비품, 거래처, 신용, 영업상의 노하우, 상가건물의 위치에 따른 영업상의 이점 등 유형·무형의 재산적 가치의 양도 또는 이용 대가로서 임대인, 임차인에게 보증금과 차임 이외에 지급하는 금전 등의 대가를 말한다.

❷ 권리금 계약이란 신규 임차인이 되려는 자가 임차인에게 권리금을 지급하기로 하는 계약을 말한다.

[본조 신설 2015,05,13,]

제10조의 4(권리금 회수 기회 보호 등) ❶ 임대인은 임대차 기간이 끝나기 3개월 전부터 임대차 종료 시까지 다음 각 호의 어느 하나에 해당하는 행위를 함으로써 권리금 계약에 따라 임차인이 주선한 신규 임차인이 되려는 자로부터 권리금을 지급받는 것을 방해하여서는 아니 된다. 다만 제10조 제1항 각 호의 어느 하나에 해당하는 사유가 있는 경우에는 그러하지 아니하다.

1. 임차인이 주선한 신규 임차인이 되려는 자에게 권리금을 요구하거나 임차인이 주선한 신규 임차인이 되려는 자로부터 권리금을 수수하는 행위

2. 임차인이 주선한 신규 임차인이 되려는 자로 하여금 임차인에게 권리금을 지급하지 못하게 하는 행위

3. 임차인이 주선한 신규 임차인이 되려는 자에게 상가건물에 관한 조세, 공과금, 주변 상가

건물의 차임 및 보증금, 그 밖의 부담에 따른 금액에 비추어 현저히 고액의 차임과 보증금을 요구하는 행위

4. 그 밖에 정당한 사유 없이 임대인이, 임차인이 주선한 신규 임차인이 되려는 자와 임대차 계약의 체결을 거절하는 행위

❷ 다음 각 호의 어느 하나에 해당하는 경우에는 제1항 제4호의 정당한 사유가 있는 것으로 본다.

1. 임차인이 주선한 신규 임차인이 되려는 자가 보증금 또는 차임을 지급할 자력이 없는 경우

2. 임차인이 주선한 신규 임차인이 되려는 자가 임차인으로서의 의무를 위반할 우려가 있거나 그 밖에 임대차를 유지하기 어려운 상당한 사유가 있는 경우

3. 임대차 목적물인 상가건물을 1년 6개월 이상 영리 목적으로 사용하지 아니한 경우

4. 임대인이 선택한 신규 임차인이 임차인과 권리금 계약을 체결하고 그 권리금을 지급한 경우

❸ 임대인이 제1항을 위반하여 임차인에게 손해를 발생하게 한 때에는 그 손해를 배상할 책임이 있다. 이 경우 그 손해배상액은 신규 임차인이 임차인에게 지급하기로 한 권리금과 임대차 종료 당시의 권리금 중 낮은 금액을 넘지 못한다.

❹ 제3항에 따라 임대인에게 손해배상을 청구할 권리는 임대차가 종료한 날부터 3년 이내에 행사하지 아니하면 시효의 완성으로 소멸한다.

❺ 임차인은 임대인에게 임차인이 주선한 신규 임차인이 되려는 자의 보증금 및 차임을 지급할 자력 또는 그 밖에 임차인으로서의 의무를 이행할 의사 및 능력에 관하여 자신이 알고 있는 정보를 제공하여야 한다.

[본조 신설 2015.05.13.]

제10조의 5(권리금 적용 제외) 제10조의 4는 다음 각 호의 어느 하나에 해당하는 상가건물 임대차의 경우에는 적용하지 아니한다.

1. 임대차 목적물인 상가건물이 「유통산업발전법」 제2조에 따른 대규모점포 또는 준대규모점포의 일부인 경우

2. 임대차 목적물인 상가건물이 「국유재산법」에 따른 국유재산 또는 「공유재산 및 물품 관리법」에 따른 공유재산인 경우

[본조 신설 2015.05.13.]

제10조의 6(표준 권리금 계약서의 작성 등) 국토교통부 장관은 임차인과 신규 임차인이 되려는 자가 권리금 계약을 체결하기 위한 표준 권리금 계약서를 정하여 그 사용을 권장할 수 있다.

[본조 신설 2015.05.13.]

제10조의 7(권리금 평가기준의 고시) 국토교통부 장관은 권리금에 대한 감정평가의 절차와 방법 등에 관한 기준을 고시할 수 있다.

[본조 신설 2015.05.13.]

제10조의 8(차임 연체와 해지) 임차인의 차임 연체액이 3기의 차임액에 달하는 때에 임대인은 계약을 해지할 수 있다.

[본조 신설 2015.05.13.]

제11조(차임 등의 증감 청구권) ❶ 차임 또는 보증금이 임차건물에 관한 조세, 공과금, 그 밖의 부담의 증감이나 경제사정의 변동으로 인하여 상당하지 아니하게 된 경우 당사자는 장래의 차임 또는 보증금에 대하여 증감을 청구할 수 있다. 그러나 증액의 경우에는 대통령령으로 정하는 기준에 따른 비율을

초과하지 못한다.

❷ 제1항에 따른 증액 청구는 임대차 계약 또는 약정한 차임 등의 증액이 있은 후 1년 이내에는 하지 못한다.

[전문 개정 2009.01.30.]

제12조(월차임 전환 시 산정률의 제한) 보증금의 전부 또는 일부를 월 단위의 차임으로 전환하는 경우에는 그 전환되는 금액에 다음 각 호 중 낮은 비율을 곱한 월차임의 범위를 초과할 수 없다. 〈개정 2010.05.17., 2013.08.13.〉

1.「은행법」에 따른 은행의 대출금리 및 해당 지역의 경제여건 등을 고려하여 대통령령으로 정하는 비율

2. 한국은행에서 공시한 기준금리에 대통령령으로 정하는 배수를 곱한 비율

[전문 개정 2009.01.30.]

제13조(전대차 관계에 대한 적용 등) ❶ 제10조, 제10조의 2, 제10조의 8, 제11조 및 제12조는 전대인(轉貸人)과 전차인(轉借人)의 전대차 관계에 적용한다.

〈개정 2015.05.13.〉

❷ 임대인의 동의를 받고 전대차 계약을 체결한 전차인은 임차인의 계약 갱신 요구권 행사 기간 이내에 임차인을 대위(代位)하여 임대인에게 계약 갱신 요구권을 행사할 수 있다.

[전문 개정 2009.01.30.]

제14조(보증금 중 일정액의 보호) ❶ 임차인은 보증금 중 일정액을 다른 담보물권자보다 우선하여 변제받을 권리가 있다. 이 경우 임차인은 건물에 대한 경매 신청의 등기 전에 제3조 제1항의 요건을 갖추어야 한다.

❷ 제1항의 경우에 제5조 제4항부터 제6항까지의 규정을 준용한다.

❸ 제1항에 따라 우선변제를 받을 임차인 및 보증금 중 일정액의 범위와 기준은 임대건물 가액(임대인 소유의 대지 가액을 포함한다.)의 2분의 1 범위에서 해당 지역의 경제여건, 보증금 및 차임 등을 고려하여 대통령령으로 정한다.

〈개정 2013.08.13.〉

[전문 개정 2009.01.30.]

제15조(강행규정) 이 법의 규정에 위반된 약정으로서 임차인에게 불리한 것은 효력이 없다.

[전문 개정 2009.01.30.]

제16조(일시 사용을 위한 임대차) 이 법은 일시 사용을 위한 임대차임이 명백한 경우에는 적용하지 아니한다.

[전문 개정 2009.01.30.]

제17조(미등기전세에의 준용) 목적건물을 등기하지 아니한 전세 계약에 관하여 이 법을 준용한다. 이 경우 '전세금'은 '임대차의 보증금'으로 본다.

[전문 개정 2009.01.30.]

제18조(「소액사건심판법」의 준용) 임차인이 임대인에게 제기하는 보증금 반환 청구소송에 관하여는 「소액사건심판법」 제6조·제7조·제10조 및 제11조의 2를 준용한다.

[전문 개정 2009.01.30.]

제19조(표준계약서의 작성 등) 법무부 장관은 보증금, 차임액, 임대차 기간, 수선비 분담 등의 내용이 기재된 상가건물 임대차 표준계약서를 정하여 그 사용을 권장할 수 있다.

[본조 신설 2015.05.13.]

부칙 〈제14242호, 2016.05.29.〉 「수산업협동조합법」

제1조(시행일) 이 법은 2016년 12월 1일부터 시행한다. 〈단서 생략〉

제2조부터 제20조까지 생략

제21조(다른 법률의 개정) ①부터 ⑪까지 생략

⑫「상가건물임대차보호법」 일부를 다음과 같이 개정한다.

제5조 제7항 제5호 중 '수산업협동조합중앙회'를 '수협은행'으로 한다.

⑬부터 ㉗까지 생략

제22조 생략

[시행 2018.01.26.]
[대통령령 제28611호, 2018.01.26, 일부 개정]

제1조(목적) 이 영은 「상가건물임대차보호법」에서 위임된 사항과 그 시행에 관하여 필요한 사항을 정하는 것을 목적으로 한다. 〈개정 2008.08.21., 2010.07.21.〉

제2조(적용 범위) ❶ 「상가건물임대차보호법」(이하 '법'이라 한다.) 제2조 제1항 단서에서 '대통령령으로 정하는 보증금액'이라 함은 다음 각 호의 구분에 의한 금액을 말한다. 〈개정 2008.08.21., 2010.07.21., 2013.12.30., 2018.01.26.〉

1. 서울특별시 : 6억 1천만 원

2. 「수도권정비계획법」에 따른 과밀억제권역(서울특별시는 제외한다.) 및 부산광역시 : 5억 원

3. 광역시(「수도권정비계획법」에 따른 과밀억제권역에 포함된 지역과 군 지역, 부산광역시는 제외한다.), 세종특별자치시, 파주시, 화성시, 안산시, 용인시, 김포시 및 광주시 : 3억 9천만 원

4. 그 밖의 지역 : 2억 7천만 원

❷ 법 제2조 제2항의 규정에 의하여 보증금 외에 차임이 있는 경우의 차임액은 월 단위의 차임액으로 한다.

❸ 법 제2조 제2항에서 '대통령령으로 정하는 비율'이라 함은 1분의 100을 말한다. 〈개정 2010.07.21.〉

제3조(확정일자부 기재사항 등) ❶ 상가건물 임대차 계약증서 원본을 소지한

임차인은 법 제4조 제1항에 따라 상가건물의 소재지 관할 세무서장에게 확정일자 부여를 신청할 수 있다. 다만 「부가가치세법」 제8조 제3항에 따라 사업자 단위 과세가 적용되는 사업자의 경우 해당 사업자의 본점 또는 주사무소 관할 세무서장에게 확정일자 부여를 신청할 수 있다.

❷ 확정일자는 제1항에 따라 확정일자 부여의 신청을 받은 세무서장(이하 '관할 세무서장'이라 한다.)이 확정일자 번호, 확정일자 부여일 및 관할 세무서장을 상가건물 임대차 계약증서 원본에 표시하고 관인을 찍는 방법으로 부여한다.

❸ 관할 세무서장은 임대차 계약이 변경되거나 갱신된 경우 임차인의 신청에 따라 새로운 확정일자를 부여한다.

❹ 관할 세무서장이 법 제4조 제2항에 따라 작성하는 확정일자부에 기재하여야 할 사항은 다음 각 호와 같다.

1. 확정일자 번호

2. 확정일자 부여일

3. 임대인·임차인의 인적 사항

　가. 자연인인 경우: 성명, 주민등록번호(외국인은 외국인등록번호)

　나. 법인인 경우: 법인명, 대표자 성명, 법인등록번호

　다. 법인 아닌 단체인 경우: 단체명, 대표자 성명, 사업자등록번호·고유번호

4. 임차인의 상호 및 법 제3조 제1항에 따른 사업자등록번호

5. 상가건물의 소재지, 임대차 목적물 및 면적

6. 임대차 기간

7. 보증금·차임

❺ 제1항부터 제4항까지에서 규정한 사항 외에 확정일자 부여 사무에 관하여

필요한 사항은 법무부령으로 정한다.

[전문 개정 2015.11.13.]

제3조의 2(이해관계인의 범위) 법 제4조 제3항에 따라 정보의 제공을 요청할 수 있는 상가건물의 임대차에 이해관계가 있는 자(이하 '이해관계인'이라 한다.)는 다음 각 호의 어느 하나에 해당하는 자로 한다.

1. 해당 상가건물 임대차 계약의 임대인 · 임차인

2. 해당 상가건물의 소유자

3. 해당 상가건물 또는 그 대지의 등기부에 기록된 권리자 중 법무부령으로 정하는 자

4. 법 제5조 제7항에 따라 우선변제권을 승계한 금융기관 등

5. 제1호부터 제4호까지에서 규정한 자에 준하는 지위 또는 권리를 가지는 자로서 임대차 정보의 제공에 관하여 법원의 판결을 받은 자

[본조 신설 2015.11.13.]

제3조의 3(이해관계인 등이 요청할 수 있는 정보의 범위) ❶ 제3조의 2 제1호에 따른 임대차 계약의 당사자는 관할 세무서장에게 다음 각 호의 사항이 기재된 서면의 열람 또는 교부를 요청할 수 있다.

1. 임대인 · 임차인의 인적 사항(제3조 제4항 제3호에 따른 정보를 말한다. 다만 주민등록번호 및 외국인등록번호의 경우에는 앞 6자리에 한정한다.)

2. 상가건물의 소재지, 임대차 목적물 및 면적

3. 사업자등록 신청일

4. 보증금 · 차임 및 임대차 기간

5. 확정일자 부여일

6. 임대차 계약이 변경되거나 갱신된 경우에는 변경 · 갱신된 날짜, 새로운 확정일자 부여

일, 변경된 보증금·차임 및 임대차 기간

7. 그 밖에 법무부령으로 정하는 사항

❷ 임대차 계약의 당사자가 아닌 이해관계인 또는 임대차 계약을 체결하려는 자는 관할 세무서장에게 다음 각 호의 사항이 기재된 서면의 열람 또는 교부를 요청할 수 있다.

1. 상가건물의 소재지, 임대차 목적물 및 면적

2. 사업자등록 신청일

3. 보증금 및 차임, 임대차 기간

4. 확정일자 부여일

5. 임대차 계약이 변경되거나 갱신된 경우에는 변경·갱신된 날짜, 새로운 확정일자 부여일, 변경된 보증금·차임 및 임대차 기간

6. 그 밖에 법무부령으로 정하는 사항

❸ 제1항 및 제2항에서 규정한 사항 외에 임대차 정보의 제공 등에 필요한 사항은 법무부령으로 정한다.

[본조 신설 2015.11.13.]

제4조(차임 등 증액 청구의 기준) 법 제11조 제1항의 규정에 의한 차임 또는 보증금의 증액 청구는 청구 당시의 차임 또는 보증금의 100분의 5의 금액을 초과하지 못한다. 〈개정 2008.8.21., 2018.01.26.〉

제5조(월차임 전환 시 산정률) ❶ 법 제12조 제1호에서 '대통령령으로 정하는 비율'이란 연 1할 2푼을 말한다.

❷ 법 제12조 제2호에서 '대통령령으로 정하는 배수'란 4.5배를 말한다.

[전문 개정 2013.12.30.]

제6조(우선변제를 받을 임차인의 범위) 법 제14조의 규정에 의하여 우선변제를 받을 임차인은 보증금과 차임이 있는 경우 법 제2조 제2항의 규정에 의하여 환산한 금액의 합계가 다음 각 호의 구분에 의한 금액 이하인 임차인으로 한다. 〈개정 2008.08.21., 2010.07.21., 2013.12.30.〉

1. 서울특별시: 6,500만 원

2. 「수도권정비계획법」에 따른 과밀억제권역(서울특별시는 제외한다.): 5,500만 원

3. 광역시(「수도권정비계획법」에 따른 과밀억제권역에 포함된 지역과 군 지역은 제외한다.), 안산시, 용인시, 김포시 및 광주시: 3,800만 원

4. 그 밖의 지역: 3천만 원

제7조(우선변제를 받을 보증금의 범위 등) ❶ 법 제14조의 규정에 의하여 우선변제를 받을 보증금 중 일정액의 범위는 다음 각 호의 구분에 의한 금액 이하로 한다. 〈개정 2008.08.21., 2010.07.21., 2013.12.30.〉

1. 서울특별시: 2,200만 원

2. 「수도권정비계획법」에 따른 과밀억제권역(서울특별시는 제외한다.): 1,900만 원

3. 광역시(「수도권정비계획법」에 따른 과밀억제권역에 포함된 지역과 군 지역은 제외한다.), 안산시, 용인시, 김포시 및 광주시: 1,300만 원

4. 그 밖의 지역: 1천만 원

❷ 임차인의 보증금 중 일정액이 상가건물 가액의 2분의 1을 초과하는 경우에는 상가건물 가액의 2분의 1에 해당하는 금액에 한하여 우선변제권이 있다. 〈개정 2013.12.30.〉

❸ 하나의 상가건물에 임차인이 2인 이상이고, 그 각 보증금 중 일정액의 합산액이 상가건물 가액의 2분의 1을 초과하는 경우에는 그 각 보증금 중 일정

액의 합산액에 대한 각 임차인의 보증금 중 일정액의 비율로 그 상가건물 가액의 2분의 1에 해당하는 금액을 분할한 금액을 각 임차인의 보증금 중 일정액으로 본다. 〈개정 2013.12.30.〉

제8조(고유식별정보의 처리) 관할 세무서장은 법 제4조에 따른 확정일자 부여에 관한 사무를 수행하기 위하여 불가피한 경우 「개인정보보호법」 시행령 제19조 제1호 및 제4호에 따른 주민등록번호 및 외국인등록번호가 포함된 자료를 처리할 수 있다. 〈개정 2013.12.30., 2015.11.13.〉

[본조 신설 2012.01.06.]

부칙 〈제28611호, 2018.01.26.〉

제1조(시행일) 이 영은 공포한 날부터 시행한다.

제2조(적용 범위에 대한 적용례) 제2조의 개정 규정은 이 영 시행 이후 체결되거나 갱신되는 상가건물 임대차 계약부터 적용한다.

제3조(차임 등 증액 청구 기준에 대한 적용례) 제4조의 개정 규정은 이 영 시행 당시 존속 중인 상가건물 임대차 계약에 대해서도 적용한다.

[시행 2018.02.01.]
[법률 제14965호, 2017.10.31. 일부 개정]

제7절 임대차

제618조(임대차의 의의) 임대차는 당사자 일방이 상대방에게 목적물을 사용·수익하게 할 것을 약정하고 상대방이 이에 대하여 차임을 지급할 것을 약정함으로써 그 효력이 생긴다.

제619조(처분능력, 권한 없는 자의 할 수 있는 단기 임대차) 처분의 능력 또는 권한 없는 자가 임대차를 하는 경우에 그 임대차는 다음 각 호의 기간을 넘지 못한다.

1. 식목, 채염 또는 석조, 석회조, 연와조 및 이와 유사한 건축을 목적으로 한 토지의 임대차는 10년

2. 기타 토지의 임대차는 5년

3. 건물, 기타 공작물의 임대차는 3년

4. 동산의 임대차는 6월

제620조(단기 임대차의 갱신) 전 조의 기간은 갱신할 수 있다. 그러나 그 기간 만료 전 토지에 대하여는 1년, 건물, 기타 공작물에 대하여는 3월, 동산에 대하여는 1월 내에 갱신하여야 한다.

제621조(임대차의 등기) ❶ 부동산 임차인은 당사자 간에 반대 약정이 없으면

임대인에 대하여 그 임대차 등기 절차에 협력할 것을 청구할 수 있다.

❷ 부동산 임대차를 등기한 때에는 그때부터 제3자에 대하여 효력이 생긴다.

제622조(건물등기 있는 차지권의 대항력) ❶ 건물의 소유를 목적으로 한 토지 임대차는 이를 등기하지 아니한 경우에도 임차인이 그 지상건물을 등기한 때에는 제3자에 대하여 임대차의 효력이 생긴다.

❷ 건물이 임대차 기간 만료 전에 멸실 또는 후폐한 때에는 전 항의 효력을 잃는다.

제623조(임대인의 의무) 임대인은 목적물을 임차인에게 인도하고 계약 존속 중 그 사용·수익에 필요한 상태를 유지하게 할 의무를 부담한다.

제624조(임대인의 보존 행위, 인용 의무) 임대인이 임대물의 보존에 필요한 행위를 하는 때에 임차인은 이를 거절하지 못한다.

제625조(임차인의 의사에 반하는 보존 행위와 해지권) 임대인이 임차인의 의사에 반하여 보존 행위를 하는 경우에 임차인이 이로 인하여 임차의 목적을 달성할 수 없는 때에는 계약을 해지할 수 있다.

제626조(임차인의 상환 청구권) ❶ 임차인이 임차물의 보존에 관한 필요비를 지출한 때에는 임대인에 대하여 그 상환을 청구할 수 있다.

❷ 임차인이 유익비를 지출한 경우에 임대인은 임대차 종료 시에 그 가액의 증가가 현존한 때에 한하여 임차인의 지출한 금액이나 그 증가액을 상환하여야 한다. 이 경우에 법원은 임대인의 청구에 의하여 상당한 상환 기간을 허여할 수 있다.

제627조(일부 멸실 등과 감액 청구, 해지권) ❶ 임차물의 일부가 임차인의 과실 없이 멸실, 기타 사유로 인하여 사용·수익할 수 없는 때에 임차인은 그 부분

의 비율에 의한 차임의 감액을 청구할 수 있다.

❷ 전 항의 경우에 그 잔존 부분으로 임차의 목적을 달성할 수 없는 때에 임차인은 계약을 해지할 수 있다.

제628조(차임 증감 청구권) 임대물에 대한 공과 부담의 증감, 기타 경제사정의 변동으로 인하여 약정한 차임이 상당하지 아니하게 된 때에 당사자는 장래에 대한 차임의 증감을 청구할 수 있다.

제629조(임차권의 양도, 전대의 제한) ❶ 임차인은 임대인의 동의 없이 그 권리를 양도하거나 임차물을 전대하지 못한다.

❷ 임차인이 전 항의 규정에 위반한 때에 임대인은 계약을 해지할 수 있다.

제630조(전대의 효과) ❶ 임차인이 임대인의 동의를 얻어 임차물을 전대한 때에 전차인은 직접 임대인에 대하여 의무를 부담한다. 이 경우에 전차인은 전대인에 대한 차임의 지급으로써 임대인에게 대항하지 못한다.

❷ 전 항의 규정은 임대인의 임차인에 대한 권리행사에 영향을 미치지 아니한다.

제631조(전차인의 권리의 확정) 임차인이 임대인의 동의를 얻어 임차물을 전대한 경우에 임대인과 임차인의 합의로 계약을 종료한 때에도 전차인의 권리는 소멸하지 아니한다.

제632조(임차건물의 소부분을 타인에게 사용케 하는 경우) 전 조의 규정은 건물의 임차인이 그 건물의 소부분을 타인에게 사용하게 하는 경우에는 적용하지 아니한다.

제633조(차임 지급의 시기) 차임은 동산, 건물이나 대지에 대하여는 매월 말에, 기타 토지에 대하여는 매년 말에 지급하여야 한다. 그러나 수확기가 있는

것에 대하여는 그 수확 후 지체 없이 지급하여야 한다.

제634조(임차인의 통지 의무) 임차물의 수리를 요하거나 임차물에 대하여 권리를 주장하는 자가 있는 때에 임차인은 지체 없이 임대인에게 이를 통지하여야 한다. 그러나 임대인이 이미 이를 안 때에는 그러하지 아니하다.

제635조(기간의 약정 없는 임대차의 해지 통고) ❶ 임대차 기간의 약정이 없는 때에 당사자는 언제든지 계약 해지의 통고를 할 수 있다.

❷ 상대방이 전 항의 통고를 받은 날로부터 다음 각 호의 기간이 경과하면 해지의 효력이 생긴다.

1. 토지, 건물, 기타 공작물에 대하여 임대인이 해지를 통고한 경우에는 6월, 임차인이 해지를 통고한 경우에는 1월

2. 동산에 대하여는 5일

제636조(기간의 약정 있는 임대차의 해지 통고) 임대차 기간의 약정이 있는 경우에도 당사자 일방 또는 쌍방이 그 기간 내에 해지할 권리를 보류한 때에는 전 조의 규정을 준용한다.

제637조(임차인의 파산과 해지 통고) ❶ 임차인이 파산선고를 받은 경우에 임대차 기간의 약정이 있는 때에도 임대인 또는 파산관재인은 제635조의 규정에 의하여 계약 해지의 통고를 할 수 있다.

❷ 전 항의 경우에 각 당사자는 상대방에 대하여 계약 해지로 인하여 생긴 손해의 배상을 청구하지 못한다.

제638조(해지 통고의 전차인에 대한 통지) ❶ 임대차 계약이 해지의 통고로 인하여 종료된 경우 그 임대물이 적법하게 전대되었을 때에 임대인은 전차인에 대하여 그 사유를 통지하지 아니하면 해지로써 전차인에게 대항하지 못한다.

❷ 전차인이 전 항의 통지를 받은 때에는 제635조 제2항의 규정을 준용한다.

제639조(묵시의 갱신) ❶ 임대차 기간이 만료한 후 임차인이 임차물의 사용·수익을 계속하는 경우에 임대인이 상당한 기간 내에 이의를 하지 아니한 때에는 전임대차와 동일한 조건으로 다시 임대차한 것으로 본다. 그러나 당사자는 제635조의 규정에 의하여 해지의 통고를 할 수 있다.

❷ 전 항의 경우에 전임대차에 대하여 제3자가 제공한 담보는 기간의 만료로 인하여 소멸한다.

제640조(차임 연체와 해지) 건물, 기타 공작물의 임대차에는 임차인의 차임 연체액이 2기의 차임액에 달하는 때에 임대인은 계약을 해지할 수 있다.

제641조(동전) 건물, 기타 공작물의 소유 또는 식목, 채염, 목축을 목적으로 한 토지 임대차의 경우에도 전 조의 규정을 준용한다.

제642조(토지 임대차의 해지와 지상건물 등에 대한 담보물권자에의 통지) 전 조의 경우에 그 지상에 있는 건물, 기타 공작물이 담보물권의 목적이 된 때에는 제288조의 규정을 준용한다.

제643조(임차인의 갱신 청구권, 매수 청구권) 건물, 기타 공작물의 소유 또는 식목, 채염, 목축을 목적으로 한 토지 임대차의 기간이 만료한 경우에 건물, 수목, 기타 지상시설이 현존한 때에는 제283조의 규정을 준용한다.

제644조(전차인의 임대 청구권, 매수 청구권) ❶ 건물, 기타 공작물의 소유 또는 식목, 채염, 목축을 목적으로 한 토지 임차인이 적법하게 그 토지를 전대한 경우에 임대차 및 전대차의 기간이 동시에 만료되고 건물, 수목, 기타 지상시설이 현존한 때에 전차인은 임대인에 대하여 전전대차와 동일한 조건으로 임대할 것을 청구할 수 있다.

❷ 전 항의 경우에 임대인이 임대할 것을 원하지 아니하는 때에는 제283조 제2항의 규정을 준용한다.

제645조(지상권 목적 토지의 임차인의 임대 청구권, 매수 청구권) 전 조의 규정은 지상권자가 그 토지를 임대한 경우에 준용한다.

제646조(임차인의 부속물 매수 청구권) ❶ 건물, 기타 공작물의 임차인이 그 사용의 편익을 위하여 임대인의 동의를 얻어 이에 부속한 물건이 있는 때에는 임대차의 종료 시에 임대인에 대하여 그 부속물의 매수를 청구할 수 있다.

❷ 임대인으로부터 매수한 부속물에 대하여도 전 항과 같다.

제647조(전차인의 부속물 매수 청구권) ❶ 건물, 기타 공작물의 임차인이 적법하게 전대한 경우에 전차인이 그 사용의 편익을 위하여 임대인의 동의를 얻어 이에 부속한 물건이 있는 때에는 전대차의 종료 시에 임대인에 대하여 그 부속물의 매수를 청구할 수 있다.

❷ 임대인으로부터 매수하였거나 그 동의를 얻어 임차인으로부터 매수한 부속물에 대하여도 전 항과 같다.

제648조(임차지의 부속물, 과실 등에 대한 법정질권) 토지 임대인이 임대차에 관한 채권에 의하여 임차지에 부속 또는 그 사용의 편익에 공용한 임차인의 소유 동산 및 그 토지의 과실을 압류한 때에는 질권과 동일한 효력이 있다.

제649조(임차지상의 건물에 대한 법정저당권) 토지 임대인이 변제기를 경과한 최후 2년의 차임채권에 의하여 그 지상에 있는 임차인 소유의 건물을 압류한 때에는 저당권과 동일한 효력이 있다.

제650조(임차건물 등의 부속물에 대한 법정질권) 건물, 기타 공작물의 임대인이 임대차에 관한 채권에 의하여 그 건물, 기타 공작물에 부속한 임차인 소유의

동산을 압류한 때에는 질권과 동일한 효력이 있다.

제651조 삭제 〈2016. 1. 6.〉[2016. 1. 6. 법률 제13710호에 의하여 2013. 12. 26.
헌법재판소에서 위헌 결정된 이 조를 삭제함]

제652조(강행규정) 제627조, 제628조, 제631조, 제635조, 제638조, 제640조, 제
641조, 제643조 내지 제647조의 규정에 위반하는 약정으로 임차인이나 전차
인에게 불리한 것은 그 효력이 없다.

제653조(일시 사용을 위한 임대차의 특례) 제628조, 제638조, 제640조, 제646조
내지 제648조, 제650조 및 전 조의 규정은 일시 사용하기 위한 임대차 또는
전대차인 것이 명백한 경우에는 적용하지 아니한다.

제654조(준용규정) 제610조 제1항, 제615조 내지 제617조의 규정은 임대차에
이를 준용한다.